5B

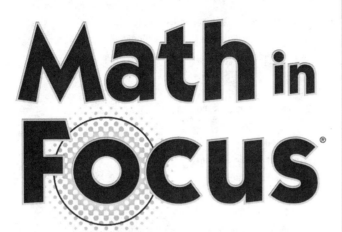
Math in Focus®

Matemáticas de Singapur
de Marshall Cavendish

Cuaderno de actividades

Consultor y autor
Dr. Fong Ho Kheong

Autores
Chelvi Ramakrishnan y Bernice Lau Pui Wah

Consultores en Estados Unidos
Dr. Richard Bisk, Andy Clark y Patsy F. Kanter

Marshall Cavendish
Education

Distribuidor en Estados Unidos

Houghton Mifflin Harcourt

© 2008 Marshall Cavendish International (Singapore) Private Limited
© 2015 Marshall Cavendish Education Pte Ltd
(Formerly known as Marshall Cavendish International (Singapore) Private Limited)

Published by Marshall Cavendish Education
Times Centre, 1 New Industrial Road, Singapore 536196
Customer Service Hotline: (65) 6213 9444
US Office Tel: (1-914) 332 8888 | Fax: (1-914) 332 8882
E-mail: tmesales@mceducation.com
Website: www.mceducation.com

Distributed by
Houghton Mifflin Harcourt
222 Berkeley Street
Boston, MA 02116
Tel: 617-351-5000
Website: www.hmheducation.com/mathinfocus

First published 2015

Marshall Cavendish and *Math in Focus* are registered trademarks of Times Publishing Limited.

Singapore Math® is a trademark of Singapore Math Inc.® and Marshall Cavendish Education Pte Ltd.

Math in Focus® Workbook 5B
ISBN 978-0-544-20779-0

Printed in the United States of America

1 2 3 4 5 6 7 8   1401   20 19 18 17 16 15
4500465449   A B C D E

Contenido

Decimales

Práctica 1   Comprender los milésimos   1
Práctica 2   Comparar y redondear decimales   5
Práctica 3   Convertir decimales a fracciones y
              números mixtos   9

Diario de matemáticas: Lectura y escritura   12
¡Ponte la gorra de pensar! Práctica avanzada   13
¡Ponte la gorra de pensar! Resolución de problemas   14

Multiplicar y dividir decimales

Práctica 1   Multiplicar decimales   15
Práctica 2   Multiplicar por decenas, centenas y millares 21
Práctica 3   Dividir decimales   27
Práctica 4   Dividir entre decenas, centenas y millares   35
Práctica 5   Estimar decimales   39
Práctica 6   Convertir unidades métricas   43
Práctica 7   Problemas cotidianos: Decimales   57
Práctica 8   Problemas cotidianos: Decimales   63

Diario de matemáticas: Lectura y escritura   66
¡Ponte la gorra de pensar! Práctica avanzada   67
¡Ponte la gorra de pensar! Resolución de problemas   68

Porcentaje

Práctica 1   Porcentaje   71
Práctica 2   Expresar fracciones como porcentajes   75
Práctica 3   Porcentaje de un número   79
Práctica 4   Problemas cotidianos: Porcentajes   83

Diario de matemáticas: Lectura y escritura   86
¡Ponte la gorra de pensar! Práctica avanzada   87
¡Ponte la gorra de pensar! Resolución de problemas 88

Repaso acumulativo de los Capítulos 8 a 10   89

Gráficas y probabilidad

Práctica 1   Crear e interpretar diagramas de puntos   101
Práctica 2   Crear e interpretar gráficas de
              doble barra   107
Práctica 3   Hacer gráficas de ecuaciones   109
Práctica 4   Comparar datos usando gráficas lineales 113
Práctica 5   Combinaciones   119
Práctica 6   Probabilidad teórica y probabilidad
              experimental   123

¡Ponte la gorra de pensar! Práctica avanzada   127
¡Ponte la gorra de pensar! Resolución de problemas 129

Ángulos

Práctica 1   Ángulos en una línea   131
Práctica 2   Ángulos en un punto   135
Práctica 3   Ángulos verticales   139

Diario de matemáticas: Lectura y escritura   146
¡Ponte la gorra de pensar! Práctica avanzada   147
¡Ponte la gorra de pensar! Resolución de problemas   149

Repaso acumulativo de los capítulos 11 y 12   151

Propiedades de los triángulos y las figuras de cuatro lados

Práctica 1   Clasificar triángulos   163
Práctica 2   Medidas de los ángulos de un triángulo   165
Práctica 3   Triángulos rectángulos, isóceles
              y equiláteros   167
Diario de matemáticas: Lectura y escritura   174
Práctica 4   Desigualdades de los triángulos   175
Práctica 5   Paralelogramos, rombos y trapecios   179

¡Ponte la gorra de pensar! Práctica avanzada   185
¡Ponte la gorra de pensar! Resolución de problemas   186

Área total y volumen

Práctica 1   Formar cuerpos geométricos usando cubos
de una unidad   187

Práctica 2   Trazar cubos y prismas rectangulares   189

Práctica 3   Prismas y pirámides   193

Práctica 4   Plantillas y área total   197

Práctica 5   Comprender y medir el volumen   201

Práctica 6   Volumen de un prisma rectangular
y de un líquido   205

Práctica 7   Volumen de un prisma rectangular
y de un líquido   211

Práctica 8   Volumen de cuerpos geométricos
compuestos   219

Diario de matemáticas: Lectura y escritura   223

¡Ponte la gorra de pensar! Práctica avanzada   225

¡Ponte la gorra de pensar! Resolución de problemas 227

Repaso acumulativo de los Capítulos 13 y 14   229

Repaso final del año   243

Capítulo

8 Decimales

Práctica 1   Comprender los milésimos

Escribe el decimal que se muestra en cada tabla de valor posicional.

Ejemplo

Unidades	Décimos	Centésimos	Milésimos
	○ ○	○ ○ ○	○ ○ ○ ○ ○ ○ ○

_0.237_

1.

Unidades	Décimos	Centésimos	Milésimos
○ ○ ○ ○		○ ○ ○ ○ ○	○ ○ ○ ○ ○

_____

2.

Unidades	Décimos	Centésimos	Milésimos
○ ○ ○ ○ ○ ○			○ ○ ○ ○ ○ ○ ○ ○ ○

_____

Escribe el decimal que se muestra en la tabla de valor posicional.

3.

Unidades	Décimos	Centésimos	Milésimos
○ ○ ○ ○ ○	○ ○	○	

_____

Marca con una ✗ el lugar donde se ubica cada decimal.

4.   0.006   **5.**   0.024   **6.**   0.033

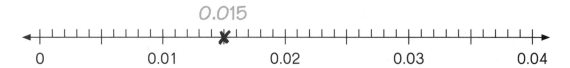

0.015

Escribe el decimal que se señala con cada flecha.

7.

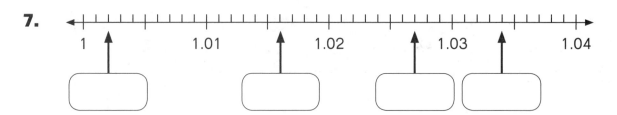

Completa.

8.   4 centésimos = _____ milésimos

9.   8 décimos 5 centésimos = _____ milésimos

10.   20 milésimos = _____ centésimos

11.   125 milésimos = 1 décimo _____ milésimos

Completa.

12. 0.126 = 1 décimo 2 centésimos _____ milésimos

13. 0.352 = 3 décimos _____ centésimos 2 milésimos

Escribe los decimales equivalentes.

14. 7 milésimos = _____

15. 19 milésimos = _____

16. 235 milésimos = _____

17. 300 milésimos = _____

Escribe cada fracción en forma de decimal.

18. $\dfrac{13}{1000}$ = _____

19. $\dfrac{55}{1000}$ = _____

20. $\dfrac{228}{1000}$ = _____

21. $\dfrac{430}{1000}$ = _____

Escribe cada número mixto en forma de decimal.

22. $2\dfrac{3}{1000}$ = _____

23. $6\dfrac{61}{1000}$ = _____

24. $7\dfrac{107}{1000}$ = _____

25. $8\dfrac{240}{1000}$ = _____

Escribe cada fracción impropia en forma de decimal.

26. $\dfrac{1005}{1000}$ = _____

27. $\dfrac{1013}{1000}$ = _____

28. $\dfrac{2341}{1000}$ = _____

29. $\dfrac{3450}{1000}$ = _____

Completa.

30. $0.014 =$ _____ milésimos

31. $0.178 =$ _____ milésimos

32. $0.76 =$ _____ milésimos

33. $1.035 = 1$ uno y _____ milésimos

1.234 se puede escribir en forma desarrollada como $1 + \dfrac{2}{10} + \dfrac{3}{100} + \dfrac{4}{1000}$.
Escribe cada decimal en notación desarrollada.

34. $4.153 = \boxed{} + \boxed{} + \boxed{} + \boxed{}$

35. $8.381 = \boxed{} + \boxed{} + \boxed{} + \boxed{}$

9.876 se puede escribir en forma desarrollada como $9 + 0.8 + 0.07 + 0.006$.
Escribe cada decimal en notación desarrollada.

36. $6.426 =$ _____ $+$ _____ $+$ _____ $+$ _____

37. $3.642 =$ _____ $+$ _____ $+$ _____ $+$ _____

Completa.

En 5.074,

38.   el dígito 4 está en el lugar de los _____.

39.   el valor del dígito 7 es _____.

40.   el dígito 0 está en el lugar de los _____.

41.   el dígito 5 representa _____.

© Marshall Cavendish Education Pte Ltd

Práctica 2   Comparar y redondear decimales

Compara los decimales en cada tabla de valor posicional.

Completa los espacios en blanco. Escribe > ó < en el ◯.

Ejemplo

Unidades	Décimos	Centésimos	Milésimos
0	0	2	
0	0	1	5

0.02 _____ es mayor que _____ *0.015* .

0.02 _____ (>) _____ *0.015*

1.

Unidades	Décimos	Centésimos	Milésimos
0	3	0	8
0	2	9	

_____ es menor que _____ .

_____ ◯ _____

2.

Unidades	Décimos	Centésimos	Milésimos
4	0	9	1
4	1	9	

_____ es menor que _____ .

_____ ◯ _____

Escribe el decimal mayor.

3. 11.6 ó 21.8 _____

4. 10.55 ó 10.05 _____

5. 20.07 ó 20.01 _____

6. 100.202 ó 100.212 _____

Escribe >, < ó = en cada ◯.

7. 3.7 ◯ 0.370   **8.** 0.150 ◯ 0.51

9. 0.205 ◯ 2.05   **10.** 2.3 ◯ 2.30

Encierra en un círculo el decimal mayor y subraya el menor.

11. 1.03, 1.3, 0.13   **12.** 0.5, 0.53, 0.503

13. 2.35, 2.305, 2.035   **14.** 8.7, 8.07, 8.701

Ordena los decimales de menor a mayor.

Ejemplo

3.33, 3.03, 3.303   3.03, 3.303, 3.33 _____

---

15. 5.51, 5.051, 5.501   _____

16. 4, 4.01, 4.001   _____

17. 0.023, 0.203, 0.230   _____

Escribe el decimal que falta en cada casilla. Redondea el decimal dado al centésimo más cercano.

18.

1.056 redondeado al centésimo más cercano es _____.

19.

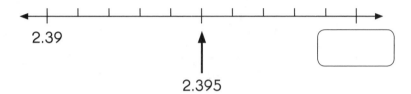

2.395 redondeado al centésimo más cercano es _____.

20.

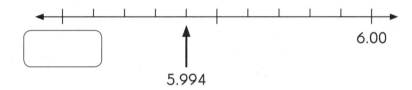

5.994 redondeado al centésimo más cercano es _____.

Completa los espacios en blanco.

21. Una aguja de coser pesa 0.585 gramos.
Redondea el peso al centésimo de gramo más cercano.

_____0.585 g_____ se redondea a _____.

22. La cabeza de un alfiler tiene 0.098 centímetros de ancho.
Redondea el ancho a dos lugares decimales.

_____ se redondea a _____.

23. 1 centímetro es igual a 0.394 pulgadas.
Redondea 0.394 pulgadas al centésimo de pulgada más cercano.

_____ se redondea a _____.

Redondea cada decimal al número entero más cercano, al décimo más cercano y al centésimo más cercano.

24.

Decimal	Redondeado al		
	número entero más cercano	décimo más cercano	centésimo más cercano
1.049			
3.753			
2.199			

Completa los espacios en blanco.

25. Un decimal redondeado al décimo más cercano es 2.5.
Escribe dos decimales que se puedan redondear a 2.5.

_____ y _____

26. Un decimal redondeado al centésimo más cercano es 4.09.
Escribe dos decimales que se puedan redondear a 4.09.

_____ y _____

27. Un decimal redondeado al centésimo más cercano es 6.32.
Este decimal es mayor que 6.32.

¿Cuál puede ser el decimal? _____

28. Un decimal redondeado al centésimo más cercano es 7.01.
Este decimal es menor que 7.01.

¿Cuál puede ser el decimal? _____

Práctica 3   Convertir decimales a fracciones y números mixtos

Convierte cada decimal a fracción o número mixto en su mínima expresión.

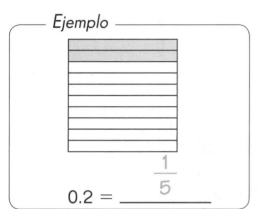

Ejemplo

$0.2 = \underline{\qquad \dfrac{1}{5} \qquad}$

1.

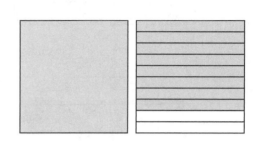

$1.8 = \underline{\qquad\qquad}$

2.

$2.2 = \underline{\qquad\qquad}$

3.

$3.5 = \underline{\qquad\qquad}$

4.

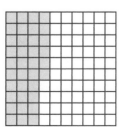

$0.36 = \underline{\qquad\qquad}$

5.

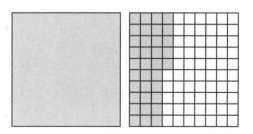

$1.35 = \underline{\qquad\qquad}$

Convierte cada decimal a fracción o número mixto en su mínima expresión.

6.

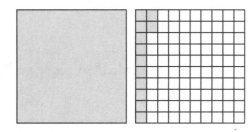

1.12 = _____

7.

3.57 = _____

8.

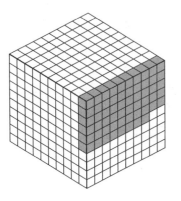

0.058 = _____

9.

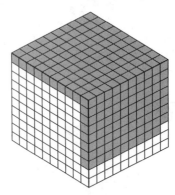

0.169 = _____

10.

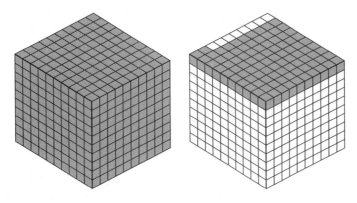

1.092 = _____

Convierte el decimal a número mixto en su mínima expresión.

11.

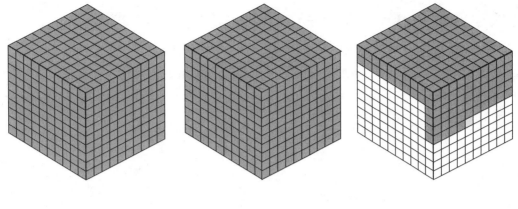

$$2.235 = \text{_____}$$

Convierte cada decimal a fracción o número mixto en su mínima expresión.

12. 7.3

13. 26.9

14. 0.59

15. 15.82

16. 1.28

17. 4.109

18. 0.136

19. 3.602

Diario de matemáticas

1. Explica por qué 1.8, 1.80 y 1.800 tienen el mismo valor.

2. Howard no sabe cómo hallar los valores de A y B en la recta numérica. Escribe los pasos que Howard debe seguir para hallar estos valores.

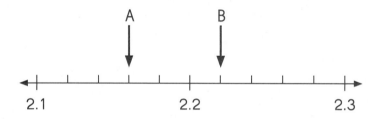

Primero, halla el valor de las marcas que hay en la recta numérica.

 **¡Ponte la gorra de pensar!**

 Práctica avanzada

Resuelve.

1. Te dan dos números: 3.987 y 70.140.

   a. Redondea cada número al décimo más cercano.

   b. Redondea cada número al centésimo más cercano.

   c. Halla la diferencia entre las respuestas redondeadas para 3.987.

   d Halla la diferencia entre las respuestas redondeadas para 70.140.

   e. ¿Son iguales las respuestas que diste en los ejercicios **a** y **b**? Explica por qué.

Completa.

2. $4.129 = 4 + \dfrac{1}{10} + \dfrac{29}{\boxed{}}$

3. $2.075 = 2 + \dfrac{\boxed{}}{1000} + \dfrac{5}{\boxed{}}$

4. $3.157 = \dfrac{\boxed{}}{1000} + \dfrac{7}{1000}$

¡Ponte la gorra de pensar!

Resolución de problemas

Resuelve. Muestra el proceso.

1. Kimberly tiene 3.25 kilogramos de harina en un recipiente. Le agrega 45 gramos más de harina al recipiente. ¿Cuántos kilogramos de harina tiene ahora?

2. Cuatro objetos pesan $3\frac{1}{5}$ libras, $3\frac{39}{1000}$ libras, $3\frac{99}{100}$ libras y $3\frac{52}{10}$ libras. Ordena el peso de los objetos de menor a mayor.

Capítulo 9 Multiplicar y dividir decimales

Práctica 1   Multiplicar decimales

Multiplica. Escribe el producto en forma de decimal.

Ejemplo

$2 \times 0.3 = 2 \times \underline{3}$ décimos

$= \underline{6}$ décimos

$= \underline{0.6}$

Entonces, $2 \times 0.3 = \underline{0.6}$.

1. $5 \times 0.6 = 5 \times \underline{}$ décimos

$= \underline{}$ décimos

$= \underline{}$ ó $\underline{}$

Entonces, $5 \times 0.6 = \underline{}$.

2. $7 \times 0.8 = 7 \times \underline{}$ décimos

$= \underline{}$ décimos

$= \underline{}$

Entonces, $7 \times 0.8 = \underline{}$.

3. $10 \times 0.4 = 10 \times \underline{}$ décimos

$= \underline{}$ décimos

$= \underline{}$ ó $\underline{}$

Entonces, $10 \times 0.4 = \underline{}$.

Multiplica. Escribe el producto en forma de decimal.

Ejemplo

$3 \times 0.03 = 3 \times$ _____3_____ centésimos

$=$ _____9_____ centésimos

$=$ _____0.09_____

Entonces, $3 \times 0.03 =$ _____0.09_____.

---

4. $5 \times 0.02 = 5 \times$ _____ centésimos

$=$ _____ centésimos

$=$ _____ ó _____

Entonces, $5 \times 0.02 =$ _____.

5. $7 \times 0.07 = 7 \times$ _____ centésimos

$=$ _____ centésimos

$=$ _____

Entonces, $7 \times 0.07 =$ _____.

6. $6 \times 0.12 = 6 \times$ _____ centésimos

$=$ _____ centésimos

$=$ _____

Entonces, $6 \times 0.12 =$ _____.

Sigue los pasos para multiplicar 2.6 por 3. Completa los espacios en blanco.

7.   Paso 1

$$\begin{array}{r} 2\,.\,6 \\ \times \quad 3 \\ \hline \end{array}$$

Multiplica los décimos por 3.

3×6 décimos = _____ décimos

Reagrupa los décimos.

_____ décimos = _____ unidad y _____ décimos

Paso 2

$$\begin{array}{r} 2\,.\,6 \\ \times \quad 3 \\ \hline \end{array}$$

Multiplica las unidades por 3.

3×2 unidades = _____ unidades

Suma las unidades.

_____ unidades + _____ unidad = _____ unidades

Entonces, $3 \times 2.6 =$ _____.

Multiplica.

8.
$$\begin{array}{r} 0\,.\,3 \\ \times \quad 8 \\ \hline \end{array}$$

9.
$$\begin{array}{r} 2\,.\,6 \\ \times \quad 4 \\ \hline \end{array}$$

10.
$$\begin{array}{r} 7\,.\,9 \\ \times \quad 5 \\ \hline \end{array}$$

11.
$$\begin{array}{r} 1\,2\,.\,4 \\ \times \quad 7 \\ \hline \end{array}$$

Sigue los pasos para multiplicar 1.46 por 6. Completa los espacios en blanco.

12.   Paso 1

$$1\ .\ 4\ 6$$
$$\times\qquad 6$$

Multiplica los centésimos por 6.

6×6 centésimos = _____ centésimos

Reagrupa los centésimos.

_____ centésimos = _____ décimos _____ centésimos

Paso 2

$$1\ .\ 4\ 6$$
$$\times\qquad 6$$

Multiplica los décimos por 6.

6×4 décimos = _____ décimos

Suma los décimos.

_____ décimos + _____ décimos = _____ décimos

Reagrupa los décimos.

_____ décimos = _____ unidades y _____ décimos

Paso 3

$$1\ .\ 4\ 6$$
$$\times\qquad 6$$

Multiplica las unidades por 6.

6×1 unidad = _____ unidades

Suma las unidades.

_____ unidades + _____ unidades = _____ unidades

Entonces, 6×1.46 = _____.

Multiplica.

13.
$$
\begin{array}{r}
1\,0\,.\,0\,7 \\
\times \quad\quad 5 \\
\hline
\end{array}
$$

14.
$$
\begin{array}{r}
0\,.\,7\,5 \\
\times \quad\quad 4 \\
\hline
\end{array}
$$

15.
$$
\begin{array}{r}
3\,.\,0\,6 \\
\times \quad\quad 9 \\
\hline
\end{array}
$$

16.
$$
\begin{array}{r}
1\,5\,.\,2\,4 \\
\times \quad\quad 8 \\
\hline
\end{array}
$$

17. $4 \times 2.08 =$ _____

18. $3 \times 3.29 =$ _____

19. $7 \times 5.71 =$ _____

20. $6 \times 4.81 =$ _____

21. $9 \times 7.46 =$ _____

22. $8 \times 6.52 =$ _____

Escribe el decimal correcto en cada casilla.

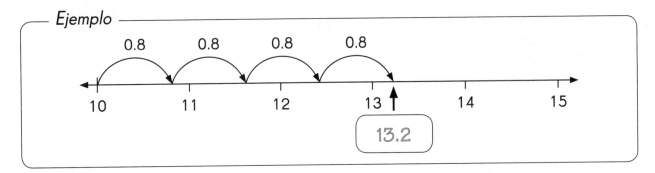

Ejemplo

0.8   0.8   0.8   0.8

10   11   12   13   14   15

13.2

23.

0.46   0.46   0.46

20   20.5   21   21.5   22   22.5   23

24.

0.84   0.84   0.84   0.84   0.84   0.84

15   16   17   18   19   20   21

25.

1.28   1.28   1.28   1.28   1.28

25   26   27   28   29   30   31   32

Práctica 2 Multiplicar por decenas, centenas, y millares

Completa. Dibuja fichas y usa flechas para mostrar cómo se mueven las fichas. Luego completa los espacios en blanco.

1.

	Centenas	Decenas	Unidades	Décimos	Centésimos
12		○	○ ○		
12 × 10	○	○ ○			

	Centenas	Decenas	Unidades	Décimos	Centésimos
2			○ ○		
2 × 10					

	Centenas	Decenas	Unidades	Décimos	Centésimos
0.2				○ ○	
0.2 × 10					

	Centenas	Decenas	Unidades	Décimos	Centésimos
0.12				○	○ ○
0.12 × 10					

$12 \times 10 =$ _____ $2 \times 10 =$ _____

$0.2 \times 10 =$ _____ $0.12 \times 10 =$ _____

Multiplica.

2. $0.5 \times 10 =$ _____   **3.** $1.9 \times 10 =$ _____

4. $3.42 \times 10 =$ _____   **5.** $7.035 \times 10 =$ _____

6. $10 \times 7.9 =$ _____   **7.** $10 \times 4.8 =$ _____

8. $10 \times 27.54 =$ _____   **9.** $10 \times 12.009 =$ _____

Completa.

10. $0.7 \times$ _____ $= 7$

11. $15.72 \times$ _____ $= 157.2$

12. $10 \times$ _____ $= 534.2$

13. _____ $\times 10 = 19.07$

Completa.

> *Ejemplo*
>
> $8 \times 50 = (8 \times \underline{\hspace{0.8cm}5\hspace{0.8cm}}) \times 10$
>
> $\qquad = \underline{\hspace{0.8cm}40\hspace{0.8cm}} \times 10$
>
> $\qquad = \underline{\hspace{0.8cm}400\hspace{0.8cm}}$
>
> Entonces, $8 \times 50 = \underline{\hspace{0.8cm}400\hspace{0.8cm}}$.

14. $0.8 \times 50 = (0.8 \times 5) \times$ _____

$\qquad = \underline{\hspace{1.5cm}} \times 10$

$\qquad = \underline{\hspace{1.5cm}}$

Entonces, $0.8 \times 50 =$ _____.

15. $0.88 \times 50 = (0.88 \times \underline{\hspace{1.5cm}}) \times 10$

$\qquad = \underline{\hspace{1.5cm}} \times 10$

$\qquad = \underline{\hspace{1.5cm}}$

Entonces, $0.88 \times 50 =$ _____.

Halla cada producto.

16. $0.9 \times 40 =$ _____

17. $1.5 \times 60 =$ _____

18. $0.05 \times 80 =$ _____

19. $9.17 \times 70 =$ _____

20. $6.358 \times 30 =$ _____

21. $34.6 \times 50 =$ _____

22. $41.32 \times 60 =$ _____

23. $23.05 \times 40 =$ _____

Multiplica.

24. 1.3 × 100 = _____

25. 6.8 × 100 = _____

26. 4.196 × 100 = _____

27. 100 × 74.3 = _____

28. 46.8 × 100 = _____

29. 4.68 × 100 = _____

30. 5.095 × 100 = _____

31. 100 × 50.95 = _____

Multiplica.

32. 1.8 × 1,000 = _____

33. 2.1 × 1,000 = _____

34. 9.097 × 1,000 = _____

35. 1,000 × 7.007 = _____

36. 2.74 × 1,000 = _____

37. 27.4 × 1,000 = _____

38. 1,000 × 10.81 = _____

39. 108.1 × 1,000 = _____

Completa.

Ejemplo

1.2 = 0.12 × _____10_____

= 0.012 × _____100_____

40. 360 = 36 × _____

= 3.6 × _____

= 0.36 × _____

41. 438 = _____ × 10

= _____ × 100

= _____ × 1,000

42. 7,256 = _____ × 10

= _____ × 100

= _____ × 1,000

Completa.

> *Ejemplo*
>
> $0.75 \times 10^2 = 0.75 \times (10 \times \underline{\ \ 10\ \ })$
>
> $\qquad\qquad = 0.75 \times \underline{\ \ 100\ \ }$
>
> $\qquad\qquad = 75$
>
> $1.3 \times 10^3 = 1.3 \times (10 \times 10 \times \underline{\ \ 10\ \ })$
>
> $\qquad\qquad = 1.3 \times \underline{\ \ 1,000\ \ }$
>
> $\qquad\qquad = 1,300$

43. $0.8 \times 10^2 = 0.8 \times (\underline{\hspace{2cm}} \times 10)$

$\qquad\qquad = 0.8 \times \underline{\hspace{2cm}}$

$\qquad\qquad = \underline{\hspace{2cm}}$

44. $0.96 \times 10^2 = 0.96 \times (\underline{\hspace{2cm}} \times 10)$

$\qquad\qquad = 0.96 \times \underline{\hspace{2cm}}$

$\qquad\qquad = \underline{\hspace{2cm}}$

45. $0.065 \times 10^2 = 0.065 \times (\underline{\hspace{2cm}} \times 10)$

$\qquad\qquad = 0.065 \times \underline{\hspace{2cm}}$

$\qquad\qquad = \underline{\hspace{2cm}}$

46. $13.8 \times 10^2 = 13.8 \times (\underline{\hspace{2cm}} \times \underline{\hspace{2cm}})$

$\qquad\qquad = 13.8 \times \underline{\hspace{2cm}}$

$\qquad\qquad = \underline{\hspace{2cm}}$

47. $9.849 \times 10^2 = 9.849 \times (\underline{\hspace{2cm}} \times \underline{\hspace{2cm}})$

$\qquad\qquad = 9.849 \times \underline{\hspace{2cm}}$

$\qquad\qquad = \underline{\hspace{2cm}}$

48. $0.2 \times 10^3 = 0.2 \times ($ _____ $\times 10 \times 10)$

$= 0.2 \times$ _____

$=$ _____

49. $0.06 \times 10^3 = 0.06 \times ($ _____ $\times$ _____ $\times 10)$

$= 0.06 \times$ _____

$=$ _____

50. $12.7 \times 10^3 = 12.7 \times ($ _____ $\times$ _____ $\times 10)$

$= 12.7 \times$ _____

$=$ _____

51. $2.007 \times 10^3 = 2.007 \times ($ _____ $\times$ _____ $\times$ _____ $)$

$= 2.007 \times$ _____

$=$ _____

Escribe 10, 10^2, ó 10^3.

52. $12.2 \times$ _____ $= 1,220$

53. $0.7 \times$ _____ $= 700$

54. $1.5 \times$ _____ $= 150$

55. $181.8 \times$ _____ $= 1,818$

Multiplica.

Ejemplo

$$0.3 \times 700 = (0.3 \times 7) \times 100$$

$$= \underline{2.1} \times 100$$

$$= \underline{210}$$

Entonces, $0.3 \times 700 = \underline{210}$.

56. $0.003 \times 700 = (0.003 \times \underline{}) \times 100$

$$= \underline{} \times 100$$

$$= \underline{}$$

Entonces, $0.003 \times 700 = \underline{}$.

57. $0.03 \times 2,000 = (0.03 \times \underline{}) \times 1,000$

$$= \underline{} \times 1,000$$

$$= \underline{}$$

Entonces, $0.03 \times 2,000 = \underline{}$.

58. $0.003 \times 2,000 = (0.003 \times \underline{}) \times 1,000$

$$= \underline{} \times 1,000$$

$$= \underline{}$$

Entonces, $0.003 \times 2,000 = \underline{}$.

Halla cada producto.

59. $4.9 \times 300 = \underline{}$

60. $3.148 \times 500 = \underline{}$

61. $900 \times 3.18 = \underline{}$

62. $1.8 \times 2,000 = \underline{}$

63. $4,000 \times 2.5 = \underline{}$

64. $72.5 \times 6,000 = \underline{}$

Práctica 3   Dividir decimales

Divide. Escribe el cociente en forma de decimal.

> *Ejemplo*
>
> $0.6 \div 2 =$ ___6___ décimos $\div 2$
>
> $=$ ___3___ décimos
>
> $=$ ___0.3___
>
> Entonces, $0.6 \div 2 =$ ___0.3___.

1. $0.8 \div 4 =$ _____ décimos $\div 4$

$=$ _____ décimos

$=$ _____

Entonces, $0.8 \div 4 =$ _____.

2. $1 \div 5 =$ _____ décimos $\div 5$

$=$ _____ décimos

$=$ _____

Entonces, $1 \div 5 =$ _____.

3. $2.4 \div 6 =$ _____ décimos $\div 6$

$=$ _____ décimos

$=$ _____

Entonces, $2.4 \div 6 =$ _____.

Completa. Escribe el cociente en forma de decimal.

Ejemplo

$0.08 \div 2 =$ _____8_____ centésimos $\div$ _____2_____

$=$ _____4_____ centésimos

$=$ _____0.04_____

Entonces, $0.08 \div 2 =$ _____0.04_____.

---

4. $0.14 \div 7 =$ _____ centésimos $\div$ _____

$=$ _____ centésimos

$=$ _____

Entonces, $0.14 \div 7 =$ _____.

5. $0.27 \div 9 =$ _____ centésimos $\div$ _____

$=$ _____ centésimos

$=$ _____

Entonces, $0.27 \div 9 =$ _____.

6. $0.1 \div 2 =$ _____ centésimos $\div$ _____

$=$ _____ centésimos

$=$ _____

Entonces, $0.1 \div 2 =$ _____.

Nombre: ______________________ Fecha: ______________

Sigue los pasos para dividir 8.4 entre 3. Completa los espacios en blanco.

7. Paso 1

$3\overline{)8.4}$

Divide las unidades entre 3.

8 unidades ÷ 3 = ________ unidades R ________ unidades

$3\overline{)8.4}$

Reagrupa el residuo en décimos.

________ unidades = ________ décimos

Suma los décimos.

________ décimos + 4 décimos = ________ décimos

Paso 2

$3\overline{)8.4}$

Divide los décimos entre 3.

________ décimos ÷ 3 = ________ décimos

Entonces, 8.4 ÷ 3 = ________.

Divide.

8. $3\overline{)12.9}$

9. $8\overline{)5.6}$

10. $3\overline{)8.7}$

11. $9\overline{)24.3}$

12. $4\overline{)0.6}$

13. $5\overline{)5.2}$

Sigue los pasos para dividir 5.48 entre 4. Completa los espacios en blanco.

14.

$4\overline{)5.4\ 8}$ Divide las unidades entre 4.

5 unidades ÷ 4 = _____ unidad R _____ unidad

Reagrupa el residuo en décimos.

_____ unidad = _____ décimos

Suma los décimos.

_____ décimos + 4 décimos = _____ décimos

Paso 2

$4\overline{)5.4\ 8}$ Divide los décimos entre 4.

_____ décimos ÷ 4 = _____ décimos R _____ décimos

Reagrupa el residuo en centésimos.

_____ décimos = _____ centésimos

Suma los centésimos.

_____ centésimos + 8 centésimos = _____ centésimos

Paso 3

$4\overline{)5.48}$ Divide los centésimos entre 4.

_____ centésimos ÷ 4 = _____ centésimos

Entonces, 5.48 ÷ 4 = _____.

Divide.

15. $4\overline{)0.52}$

16. $9\overline{)0.81}$

17. $6\overline{)12.12}$

18. $7\overline{)9.66}$

19. $5\overline{)15.65}$

20. $4\overline{)3}$

Divide. Redondea cada cociente al décimo más cercano.

Ejemplo

$7 \div 8$

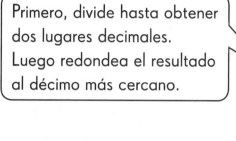

```
    0 . 8 7
8)7 . 0 0
  0
  ─────
    7 0
    6 4
    ─────
      6 0
      5 6
      ─────
        4
```

$7 \div 8$ se aproxima a 0.9.

Primero, divide hasta obtener dos lugares decimales. Luego redondea el resultado al décimo más cercano.

---

21. $5 \div 7$

```
7)5
```

22. $11 \div 9$

```
9)1 1
```

Divide. Redondea cada cociente al centésimo más cercano.

Ejemplo

$14.7 \div 9$

```
       1. 6 3 3
   9) 14. 7 0 0
       9
       ‾‾‾
       5 7
       5 4
       ‾‾‾
         3 0
         2 7
         ‾‾‾
           3 0
           2 7
           ‾‾‾
             3
```

Primero, divide hasta obtener tres lugares decimales. Luego, redondea el resultado al centésimo más cercano.

$14.7 \div 9$ se aproxima a 1.63.

---

23. $3.2 \div 7$

```
7) 3 . 2
```

24. $13 \div 6$

```
6) 1   3
```

Práctica 4 Dividir entre decenas, centenas y millares

Completa. Dibuja fichas y usa flechas para mostrar cómo se mueven las fichas. Luego completa los espacios en blanco.

1.

	Centenas	Decenas	Unidades	Décimos	Centésimos
140	○	○○○○			
140 ÷ 10		○	○○○○		

20		○○			
20 ÷ 10					

6			○○○ ○○○		
6 ÷ 10					

0.3				○○○	
0.3 ÷ 10					

140 ÷ 10 = _____   20 ÷ 10 = _____

6 ÷ 10 = _____   0.3 ÷ 10 = _____

Divide.

2. 6 ÷ 10 = _____   **3.** 54 ÷ 10 = _____

4. 215 ÷ 10 = _____   **5.** 5.2 ÷ 10 = _____

6. 64.6 ÷ 10 = _____   **7.** 4.08 ÷ 10 = _____

8. 180.4 ÷ 10 = _____   **9.** 1.84 ÷ 10 = _____

Completa.

10. $23.7 \div$ _____ $= 2.37$

11. $0.78 \div$ _____ $= 0.078$

12. _____ $\div 10 = 4.106$

13. _____ $\div 10 = 6.4$

Divide.

Ejemplo

$$9 \div 30 = (9 \div \underline{\ \ 3\ \ }) \div 10$$

$$= \underline{\ \ 3\ \ } \div 10$$

$$= \underline{\ \ 0.3\ \ }$$

Entonces, $9 \div 30 = \underline{\ \ 0.3\ \ }$.

14. $0.9 \div 30 = (0.9 \div \underline{\hspace{1.5cm}}) \div 10$

$$= \underline{\hspace{1.5cm}} \div 10$$

$$= \underline{\hspace{1.5cm}}$$

Entonces, $0.9 \div 30 = \underline{\hspace{1.5cm}}$.

15. $0.09 \div 30 = (0.09 \div \underline{\hspace{1.5cm}}) \div 10$

$$= \underline{\hspace{1.5cm}} \div 10$$

$$= \underline{\hspace{1.5cm}}$$

Entonces, $0.09 \div 30 = \underline{\hspace{1.5cm}}$.

16. $1.8 \div 90 = (1.8 \div \underline{\hspace{1.5cm}}) \div 10$

$$= \underline{\hspace{1.5cm}} \div 10$$

$$= \underline{\hspace{1.5cm}}$$

Entonces, $1.8 \div 90 = \underline{\hspace{1.5cm}}$.

Divide.

17.   4.8 ÷ 20 = _____

18.   0.32 ÷ 40 = _____

19.   2.08 ÷ 80 = _____

20.   2.55 ÷ 50 = _____

21.   3.5 ÷ 70 = _____

22.   0.3 ÷ 60 = _____

Divide.

23.   7.5 ÷ 100 = _____

24.   49.3 ÷ 100 = _____

25.   6,001 ÷ 100 = _____

26.   708.2 ÷ 100 = _____

27.   900 ÷ 1,000 = _____

28.   4,103 ÷ 1,000 = _____

29.   909 ÷ 1,000 = _____

30.   9,009 ÷ 1,000 = _____

Completa.

31.   86.2 ÷ _____ = 0.862

32.   275 ÷ _____ = 0.275

33.   _____ ÷ 100 = 0.006

34.   _____ ÷ 1,000 = 3.082

Completa.

> **Ejemplo**
>
> 0.07 = 0.7 ÷ _**10**_
>
> = 7 ÷ _**100**_
>
> = 70 ÷ _**1,000**_

35.   0.31 = 3.1 ÷ _____

= 31 ÷ _____

= 310 ÷ _____

36.   8.06 = _____ ÷ 10

= 806 ÷ _____

= 8,060 ÷ _____

37.   5.115 = _____ ÷ 10

= _____ ÷ 100

= 5,115 ÷ _____

Completa.

Ejemplo

$42 \div 200 = (42 \div \underline{\quad 2 \quad}) \div 100$

$= \underline{\quad 21 \quad} \div 100$

$= \underline{\quad 0.21 \quad}$

Entonces, $42 \div 200 = \underline{\quad 0.21 \quad}$.

38. $18.9 \div 900 = (18.9 \div \underline{\quad\quad}) \div 100$

$= \underline{\quad\quad} \div 100$

$= \underline{\quad\quad}$

Entonces, $18.9 \div 900 = \underline{\quad\quad}$.

39. $2 \div 2,000 = (2 \div \underline{\quad\quad}) \div 1,000$

$= \underline{\quad\quad} \div 1,000$

$= \underline{\quad\quad}$

Entonces, $2 \div 2,000 = \underline{\quad\quad}$.

40. $1,500 \div 6,000 = (1,500 \div \underline{\quad\quad}) \div 1,000$

$= \underline{\quad\quad} \div 1,000$

$= \underline{\quad\quad}$

Entonces, $1,500 \div 6,000 = \underline{\quad\quad}$.

Divide.

41. $306 \div 600 = \underline{\quad\quad}$

42. $29.7 \div 900 = \underline{\quad\quad}$

43. $1,056 \div 800 = \underline{\quad\quad}$

44. $48 \div 2,000 = \underline{\quad\quad}$

45. $408 \div 3,000 = \underline{\quad\quad}$

46. $805 \div 7,000 = \underline{\quad\quad}$

Práctica 5   Estimar decimales

Redondea cada decimal al número entero más cercano.
Luego, estima la suma o la diferencia.

Ejemplo

$7.7 + 12.3$

7.7 se redondea a 8.
12.3 se redondea a 12.
8 + 12 = 20
7.7 + 12.3 se aproxima a 20.

$21.8 - 11.5$

21.8 se redondea a 22.
11.5 se redondea a 12.
22 − 12 = 10
21.8 − 11.5 se aproxima a 10.

---

1. $\$2.90 + \$7.15$

2. $9.05 + 19.55$

3. $35.67 - 15.09$

4. $\$15.40 - \$5.95$

Estima el producto redondeando el decimal al número entero más cercano.

Ejemplo

4.5×4

4.5 se redondea a 5.

$5 \times 4 = 20$

4.5×4 se aproxima a 20.

5. 19.6×3

6. 0.95×8

7. 8.25×3

Estima el cociente eligiendo un número entero cercano al dividendo que se pueda dividir exactamente entre el divisor.

Ejemplo

$24.6 \div 5$

24.6 se aproxima a 25.

$25 \div 5 = 5$

$24.6 \div 5$ se aproxima a 5.

8. $38.4 \div 6$

9. $71.09 \div 8$

10. $99.75 \div 5$

Nombre: ______________________ **Fecha:** ______________

Redondea cada decimal al décimo más cercano. Luego estima.

11. 0.47 + 15.51

12. 9.95 − 1.46

13. 2.89 libras × 4

Estima el cociente eligiendo un décimo cercano al dividendo que se pueda dividir exactamente entre el divisor.

14. 6.34 kilogramos ÷ 7

Resuelve. Muestra el proceso.

15. Una bolsa de nueces se vende por $1.95. Estima el costo de 8 bolsas de nueces.

16. Un pedazo de madera contrachapada tiene un grosor de 1,27 centímetros. Halla el grosor de una pila de 9 piezas de madera contrachapada redondeando al décimo de centímetro más cercano.
Estima para comprobar si tu respuesta es razonable.

Práctica 6   Convertir unidades métricas

Convierte centímetros a metros o metros a centímetros

> **Ejemplo**
>
> $0.7 \text{ m} = 0.7 \times \underline{} \quad 100$
>
> $\phantom{0.7 \text{ m}} = \underline{} \text{ cm} \quad 70$
>
> $14.5 \text{ cm} = 14.5 \div \underline{} \quad 100$
>
> $\phantom{14.5 \text{ cm}} = \underline{} \text{ m} \quad 0.145$
>
> Recuerda,
> 1 m = 100 cm.

1. $0.9 \text{ m} = 0.9 \times \underline{}$

$\phantom{0.9 \text{ m}} = \underline{} \text{ cm}$

2. $1.06 \text{ m} = 1.06 \times \underline{}$

$\phantom{1.06 \text{ m}} = \underline{} \text{ cm}$

3. $3.75 \text{ m} = 3.75 \times \underline{}$

$\phantom{3.75 \text{ m}} = \underline{} \text{ cm}$

4. $39.23 \text{ m} = 39.23 \times \underline{}$

$\phantom{39.23 \text{ m}} = \underline{} \text{ cm}$

5. $124 \text{ m} = 124 \times \underline{}$

$\phantom{124 \text{ m}} = \underline{} \text{ cm}$

6. $7.2 \text{ cm} = 7.2 \div \underline{}$

$\phantom{7.2 \text{ cm}} = \underline{} \text{ m}$

7. $180.7 \text{ cm} = 180.7 \div \underline{}$

$\phantom{180.7 \text{ cm}} = \underline{} \text{ m}$

8. $0.6 \text{ cm} = 0.6 \div \underline{}$

$\phantom{0.6 \text{ cm}} = \underline{} \text{ m}$

9. $312 \text{ cm} = 312 \div \underline{}$

$\phantom{312 \text{ cm}} = \underline{} \text{ m}$

10. $369.8 \text{ cm} = 369.8 \div \underline{}$

$\phantom{369.8 \text{ cm}} = \underline{} \text{ m}$

Convierte metros a metros y centímetros.

Ejemplo

9.28 m

0.28 m = 0.28 × _____100_____

        = _____28_____ cm

9.28 m = _____9_____ m _____28_____ cm

Convierte la parte decimal a centímetros.

---

11.   1.98 m

0.98 m = 0.98 × _____

        = _____ cm

1.98 m = _____ m _____ cm

12.   9.3 m

0.3 m = 0.3 × _____

        = _____ cm

9.3 m = _____ m _____ cm

13.   817.5 m

0.5 m = 0.5 × _____

        = _____ cm

817.5 m = _____ m _____ cm

14.   150.07 m

0.07 m = 0.07 × _____

        = _____ cm

150.07 m = _____ m _____ cm

Convierte metros y centímetros a metros.

— *Ejemplo* —————————————————————————

41 m 80 cm

80 cm = 80 ÷ _____100_____

$\quad\quad$ = _____0.8_____ m

41 m 80 cm = _____41_____ m + _____0.8_____ m

$\quad\quad\quad\quad$ = _____41.8_____ m

Primero, convierte centímetros a metros, Luego, combina las dos medidas.

15. $\quad$ 97 m 6 cm

$\quad\quad$ 6 cm = 6 ÷ _____

$\quad\quad\quad\quad$ = _____ m

$\quad\quad$ 97 m 6 cm = _____ m + _____ m

$\quad\quad\quad\quad\quad$ = _____ m

16. $\quad$ 192 m 12 cm

$\quad\quad$ 12 cm = 12 ÷ _____

$\quad\quad\quad\quad$ = _____ m

$\quad\quad$ 192 m 12 cm = _____ m + _____ m

$\quad\quad\quad\quad\quad$ = _____ m

17. $\quad$ 4 m 500 cm

$\quad\quad$ 500 cm = 500 ÷ _____

$\quad\quad\quad\quad$ = _____ m

$\quad\quad$ 4 m 500 cm = _____ m + _____ m

$\quad\quad\quad\quad\quad$ = _____ m

18. 7 m 7 cm

7 cm = 7 ÷ _____

= _____ m

7 m 7 cm = _____ m + _____ m

= _____ m

Convierte metros a kilómetros o kilómetros a metros.

19. 0.6 km = 0.6 × _____

= _____ m

20. 71.2 km = 71.2 × _____

= _____ m

21. 15.34 km = 15.34 × _____

= _____ m

22. 9.056 km = 9.056 × _____

= _____ m

23. 800 m = 800 ÷ _____

= _____ km

24. 5,780 m = 5,780 ÷ _____

= _____ km

25. 30 m = 30 ÷ _____

= _____ km

26. 6 m = 6 ÷ _____

= _____ km

Convierte gramos a kilogramos o kilogramos a gramos.

Ejemplo

$$36.7 \text{ kg} = 36.7 \times \underline{\quad 1,000 \quad}$$
$$= \underline{\quad 36,700 \quad} \text{ g}$$
$$78 \text{ g} = 78 \div \underline{\quad 1,000 \quad}$$
$$= \underline{\quad 0.078 \quad} \text{ kg}$$

Recuerda,
1 kg = 1,000 g.

27. $0.87 \text{ kg} = 0.87 \times \underline{\qquad}$

$= \underline{\qquad} \text{ g}$

28. $0.006 \text{ kg} = 0.006 \times \underline{\qquad}$

$= \underline{\qquad} \text{ g}$

29. $2.48 \text{ kg} = 2.48 \times \underline{\qquad}$

$= \underline{\qquad} \text{ g}$

30. $59.1 \text{ kg} = 59.1 \times \underline{\qquad}$

$= \underline{\qquad} \text{ g}$

31. $531 \text{ g} = 531 \div \underline{\qquad}$

$= \underline{\qquad} \text{ kg}$

32. $2 \text{ g} = 2 \div \underline{\qquad}$

$= \underline{\qquad} \text{ kg}$

33. $61,900 \text{ g} = 61,900 \div \underline{\qquad}$

$= \underline{\qquad} \text{ kg}$

Convierte mililitros a litros o litros a mililitros.

Ejemplo

$$3.975 \text{ L} = 3.975 \times \underline{1,000}$$
$$= \underline{3,975} \text{ mL}$$
$$550 \text{ mL} = 550 \div \underline{1,000}$$
$$= \underline{0.55} \text{ L}$$

Recuerda,
1 L = 1,000 mL.

34. $2.09 \text{ L} = 2.09 \times$ _____

$= $ _____ mL

35. $0.054 \text{ L} = 0.054 \times$ _____

$= $ _____ mL

36. $13.9 \text{ L} = 13.9 \times$ _____

$= $ _____ mL

37. $1.4 \text{ L} = 1.4 \times$ _____

$= $ _____ mL

38. $58.12 \text{ L} = 58.12 \times$ _____

$= $ _____ mL

39. $940 \text{ mL} = 940 \div$ _____

$= $ _____ L

40. $8,500 \text{ mL} = 8,500 \div$ _____

$= $ _____ L

41. $917 \text{ mL} = 917 \div$ _____

$= $ _____ L

42. $25 \text{ mL} = 25 \div$ _____

$= $ _____ L

43. $3,575 \text{ mL} = 3,575 \div$ _____

$= $ _____ L

Convierte cada medición.

Ejemplo

19.03 kilómetros a kilómetros y metros.

$0.03 \text{ km} = 0.03 \times \underline{1,000}$

$= \underline{30} \text{ m}$

$19.03 \text{ km} = \underline{19} \text{ km} \underline{30} \text{ m}$

Convierte la parte decimal a metros.

4.025 kilogramos a kilogramos y gramos

$0.025 \text{ kg} = 0.025 \times \underline{1,000}$

$= \underline{25} \text{ g}$

$4.025 \text{ kg} = \underline{4} \text{ kg} \underline{25} \text{ g}$

Convierte la parte decimal a gramos.

62.09 litros a litros y mililitros

$0.09 \text{ L} = 0.09 \times \underline{1,000}$

$= \underline{90} \text{ mL}$

$62.09 \text{ L} = \underline{62} \text{ L} \underline{90} \text{ mL}$

Convierte la parte decimal a mililitros.

44. 0.73 kilómetros a kilómetros y metros.

$0.73 \text{ km} = 0.73 \times \underline{\hspace{2cm}}$

$= \underline{\hspace{2cm}} \text{ m}$

$0.73 \text{ km} = \underline{\hspace{2cm}} \text{ km} \underline{\hspace{2cm}} \text{ m}$

45. 90.04 kilómetros a kilómetros y metros

0.04 km = 0.04 × _____

= _____ m

90.04 km = _____ km _____ m

46. 1.008 kilómetros a kilómetros y metros

0.008 km = 0.008 × _____

= _____ m

1.008 km = _____ km _____ m

47. 50.05 kilómetros a kilómetros y metros

0.05 km = 0.05 × _____

= _____ m

50.05 km = _____ km _____ m

48. 15.3 kilogramos a kilogramos y gramos

0.3 kg = 0.3 × _____

= _____ g

15.3 kg = _____ kg _____ g

49. 20.05 kilogramos a kilogramos y gramos

0.05 kg = 0.05 × _____

= _____ g

20.05 kg = _____ kg _____ g

50. 8.214 kilogramos a kilogramos y gramos

0.214 kg = 0.214 × _____

= _____ g

8.214 kg = _____ kg _____ g

51. 7.09 litros a litros y mililitros

0.09 L = 0.09 × _____

= _____ mL

7.09 L = _____ L _____ mL

52. 66.8 litros a litros y mililitros

0.8 L = 0.8 × _____

= _____ mL

66.8 L = _____ L _____ mL

53. 867.001 litros a litros y mililitros

0.001 L = 0.001 × _____

= _____ mL

867.001 L = _____ L _____ mL

Convierte cada medición.

> **Ejemplo**
>
> 9 kilómetros y 8 metros a kilómetros
>
> 8 m = 8 ÷ ___1,000___
>
> = ___0.008___ km
>
> 9 km 8 m = ___9___ km + ___0.008___ km
>
> = ___9.008___ km
>
>
>
> Primero, convierte metros a kilómetros. Luego, combina las dos mediciones.
>
>
> 12 kilogramos y 510 gramos a kilogramos
>
> 510 g = 510 ÷ ___1,000___
>
> = ___0.51___ kg
>
> 12 kg 510 g = ___12___ kg + ___0.51___ kg
>
> = ___12.51___ kg
>
>
>
> Primero, convierte los gramos a kilogramos. Luego, combina las dos mediciones.
>
>
> 4 litros y 25 mililitros a litros
>
> 25 mL = 25 ÷ ___1,000___
>
> = ___0.025___ L
>
> 4 L 25 mL = ___4___ L + ___0.025___ L
>
> = ___4.025___ L
>
>
>
> Primero, convierte los mililitros a litros. Luego, combina las dos mediciones.

54. 25 kilómetros y 80 metros a kilómetros

$$80 \text{ m} = 80 \div \underline{\hspace{2cm}}$$

$$= \underline{\hspace{2cm}} \text{ km}$$

$$25 \text{ km } 80 \text{ m} = \underline{\hspace{2cm}} \text{ km} + \underline{\hspace{2cm}} \text{ km}$$

$$= \underline{\hspace{2cm}} \text{ km}$$

55. 17 kilómetros y 6 metros a kilómetros

$$6 \text{ m} = 6 \div \underline{\hspace{2cm}}$$

$$= \underline{\hspace{2cm}} \text{ km}$$

$$17 \text{ km } 6 \text{ m} = \underline{\hspace{2cm}} \text{ km} + \underline{\hspace{2cm}} \text{ km}$$

$$= \underline{\hspace{2cm}} \text{ km}$$

56. 7 kilómetros y 35 metros a kilómetros

$$35 \text{ m} = 35 \div \underline{\hspace{2cm}}$$

$$= \underline{\hspace{2cm}} \text{ km}$$

$$7 \text{ km } 35 \text{ m} = \underline{\hspace{2cm}} \text{ km} + \underline{\hspace{2cm}} \text{ km}$$

$$= \underline{\hspace{2cm}} \text{ km}$$

57. 41 kilómetros y 900 metros a kilómetros

$$990 \text{ m} = 990 \div \underline{\hspace{2cm}}$$

$$= \underline{\hspace{2cm}} \text{ km}$$

$$41 \text{ km } 990 \text{ m} = \underline{\hspace{2cm}} \text{ km} + \underline{\hspace{2cm}} \text{ km}$$

$$= \underline{\hspace{2cm}} \text{ km}$$

58. 5 kilogramos y 73 gramos a kilogramos

$73 \text{ g} = 73 \div \underline{\hspace{2cm}}$

$= \underline{\hspace{2cm}} \text{ kg}$

$5 \text{ kg } 73 \text{ g} = \underline{\hspace{2cm}} \text{ kg} + \underline{\hspace{2cm}} \text{ kg}$

$= \underline{\hspace{2cm}} \text{ kg}$

59. 10 kilogramos y 5 gramos a kilogramos

$5 \text{ g} = 5 \div \underline{\hspace{2cm}}$

$= \underline{\hspace{2cm}} \text{ kg}$

$10 \text{ kg } 5 \text{ g} = \underline{\hspace{2cm}} \text{ kg} + \underline{\hspace{2cm}} \text{ kg}$

$= \underline{\hspace{2cm}} \text{ kg}$

60. 90 litros y 70 mililitros a litros

$70 \text{ mL} = 70 \div \underline{\hspace{2cm}}$

$= \underline{\hspace{2cm}} \text{ L}$

$90 \text{ L } 70 \text{ mL} = \underline{\hspace{2cm}} \text{ L} + \underline{\hspace{2cm}} \text{ L}$

$= \underline{\hspace{2cm}} \text{ L}$

61. 58 litros y 650 mililitros a litros

$650 \text{ mL} = 650 \div \underline{\hspace{2cm}}$

$= \underline{\hspace{2cm}} \text{ L}$

$58 \text{ L } 650 \text{ mL} = \underline{\hspace{2cm}} \text{ L} + \underline{\hspace{2cm}} \text{ L}$

$= \underline{\hspace{2cm}} \text{ L}$

Resuelve. Muestra el proceso.

62. William recorre 5 metros en 20 pasos. ¿Cuántos kilómetros recorrerá cuando haya dado 1,000 pasos?

63. Una botella de jugo de fruta tiene 800 mililitros. ¿Cuántos litros de jugo de fruta hay en 120 botellas?

64. Una caja pesa 750 gramos. Hay 25 de esas cajas. ¿Cuál es el peso total de las cajas en kilogramos? Escribe tu respuesta a la decena más cercana.

65. Hay varios árboles plantados a lo largo de un camino que mide 2 kilómetros y 50 metros de longitud. Once árboles están plantados a la misma distancia a lo largo del camino. ¿Cuál es la distancia en metros entre cada árbol?

Práctica 7   Problemas cotidianos: Decimales

Resuelve. Muestra el proceso.

1. ¿Cuántos litros de agua de manantial hay en 6 botellas si cada botella contiene 0.33 litros de agua de manantial? Redondea tu respuesta al litro más cercano.

2. Un plomero tiene un tubo de cobre de 0.9 metros de largo. Corta el tubo en 4 partes iguales. Halla la longitud de cada parte en metros. Redondea tu respuesta al décimo de metro más cercano.

3. Ashton está pensando en un número. Cuando lo divide entre 7, obtiene un cociente de 7.35. ¿En qué número está pensando Ashton?

Resuelve. Muestra el proceso.

4. El señor Kasac conduce 32.27 millas de su oficina a su casa. Después de conducir 15.65 millas, se detiene en la tintorería. ¿Cuánto más tiene que conducir antes de llegar a su casa? Responde redondeando a la milla más cercana.

5. El costo de 4 galones de leche baja en grasa es de $13.80. Halla el costo de 6 galones de leche baja en grasa.

6. El costo de 3 latas de habichuelas es de $1.80. Rizal compró 9 latas de habichuelas. ¿Cuánto pagó?

Resuelve. Muestra el proceso.

7. Andrew trabajó 6 días cada semana durante el verano. Trabajó 8 horas cada día. En una semana, ganó $360. ¿Cuánto le pagaron por cada hora de trabajo?

8. Una bolsa contiene 10 libras de comida para perros. Una familia alimenta a sus perros con 0.85 libras de comida por día. ¿Cuánta comida para perros queda en la bolsa después de 7 días? Responde redondeando a la libra más cercana.

Resuelve. Muestra el proceso.

9. Una caja de galletas de arroz cuesta $1.95. ¿Cuál es el número mayor de cajas de galletas de arroz que Jairo puede comprar con $10?

10. Una barra de metal de 9.4 metros de largo se corta en dos pedazos. Un pedazo es 3 veces más largo que el otro. Halla la longitud del pedazo más largo, en metros. Redondea tu respuesta al décimo de metro más cercano.

Resuelve. Muestra el proceso.

11. Rani compró 9 cuadernos similares. Le dio $10 al cajero y recibió $5.05 de cambio. ¿Cuánto cuesta 1 cuaderno?

12. Un kilogramo de harina de trigo cuesta $6. ¿Cuánto cuestan 400 gramos de harina?

Resuelve. Muestra el proceso.

13. El dueño de una tienda compró 30 carpetas y algunos diarios. Pagó $82.50 por las carpetas. Cada diario costó 10 veces más que una carpeta. ¿Cuánto costó cada diario?

14. Hay 1,000 trabajadores en una fábrica. Cada trabajador trabaja 30 horas por semana y le pagan $10.50 por hora. ¿Cuánto paga la empresa a los trabajadores en total cada semana?

Práctica 8   Problemas cotidianos: Decimales

Resuelve. Muestra el proceso.

1. La señora Lara usa 0.025 kilogramos de cera para hacer una vela. El lunes hizo 50 velas. El martes hizo 4 veces más velas que el lunes. ¿Cuánta cera usó el martes para hacer las velas?

2. Una vuelta de una pista de carreras mide 4.68 kilómetros. Durante una carrera de 56 vueltas, un conductor se detiene a reabastecer combustible después de completar 48 vueltas. ¿Cuántos kilómetros más tiene que conducir para terminar la carrera?

Resuelve. Muestra el proceso.

3. La señora Rahlee compró 300 yardas de cinta para hacer flores. Usó 1.22 yardas para hacer una flor grande. Hizo 200 flores grandes. Usó toda la cinta restante para hacer 100 flores pequeñas. ¿Qué longitud de cinta usó la señora Rahlee para hacer una flor pequeña?

4. Britta compró varias zanahorias y manzanas por $24.80. Una zanahoria y una manzana cuestan $0.90 en total. Compró más zanahorias que manzanas. El número adicional de zanahorias tuvo un costo total de $6.80. ¿Cuántas manzanas compró Britta?

Resuelve. Muestra el proceso.

5. Un recipiente de plástico tiene una capacidad de 13.5 cuartos. Puede contener 3 veces más líquido que una cubeta. La cubeta puede contener el doble de líquido que una lata. Halla la capacidad de la cubeta y de la lata en cuartos.

6. Marcy pagó $35 por 10 kilogramos de pasas. Dividió las pasas por igual en dos recipientes. Luego vendió las pasas del primer recipiente a $4.50 por kilogramo y las del segundo recipiente a $5.50 por kilogramo. ¿Cuánto dinero ganó Marcy después de vender todas las pasas?

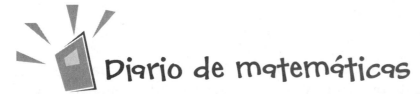

Diario de matemáticas

Resuelve. Muestra el proceso.

1. James tiene un pedazo cuadrado de papel. Quiere cortarlo en 20 tiras del mismo ancho. Dice: "Este pedazo de papel mide **aproximadamente** 48 centímetros de ancho". ¿Cómo puede determinar el ancho de cada tira sin medirla? ¿Es exacto este ancho?

2. James toma una regla y mide el ancho del pedazo de papel. Ve que el ancho real es de 48.8 centímetros. Halla el ancho de cada tira. ¿Cómo puedes comprobar si tu respuesta es razonable?

¡Ponte la gorra de pensar!

Práctica avanzada

Resuelve. Muestra el proceso.

1. Un plomero tiene dos tubos. Un tubo es 7 veces más largo que el otro. Corta 2.2 metros del tubo más largo. La longitud restante de este tubo es 3 veces mayor que la del tubo más corto. Halla la longitud del tubo más corto en metros.

2. En un mercado de granjeros, 5 libras de fresas cuestan $21.50. En un supermercado, 3 libras de fresas de la misma calidad cuestan $15.75.

a. ¿Cuál es la mejor oferta?

b. ¿Cuánto se puede ahorrar comprando 20 libras de la mejor oferta de fresas?

¡Ponte la gorra de pensar!

Resolución de problemas

Resuelve. Muestra el proceso.

1. Sam compra 10 naranjas y 11 manzanas por $10.05. El costo total de 1 naranja y 1 manzana es de $0.94. ¿Cuánto cuesta una manzana?

2. Una cubeta llena de arena pesa 11.15 kilogramos. Cuando se llena de agua, pesa 5.95 kilogramos. El peso de la arena es el doble del peso del agua. Halla el peso de la cubeta en gramos.

Resuelve. Muestra el proceso.

3. La capacidad total de 6 jarrones y 12 vasos es de 21 litros. La capacidad de un jarrón es 5 veces más que la de un vaso. Halla la capacidad de cada vaso. Da tu respuesta en litros.

Resuelve. Muestra el proceso.

4. Dahlia tiene dinero suficiente para comprar 6 peras y 20 naranjas o 12 naranjas y 11 peras. Una pera cuesta $0.80. ¿Cuánto cuesta una naranja?

Porcentaje

Capítulo 10

Práctica 1   Porcentaje

Cada cuadrado grande está dividido en 100 partes.
Completa los espacios en blanco para describir cada cuadrado grande.

1.

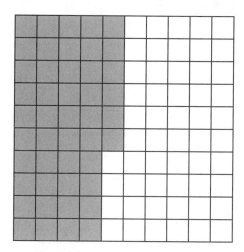

_____ de 100 partes iguales están sombreadas.

_____% del cuadrado grande está sombreado.

_____ de 100 partes iguales no están sombreadas.

_____% del cuadrado grande no está sombreado.

2.

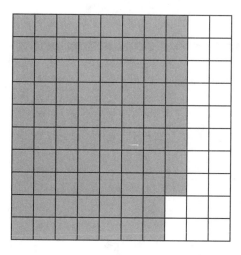

_____ de 100 partes iguales están sombreadas.

_____% del cuadrado grande está sombreado.

_____ de 100 partes iguales no están sombreadas.

_____% del cuadrado grande no está sombreado.

Expresa cada fracción en forma de porcentaje.

> **Ejemplo**
>
> $$\frac{38}{100} = \underline{}\%$$

3. $\dfrac{92}{100} = \underline{\hspace{2cm}}\%$

4. $\dfrac{7}{100} = \underline{\hspace{2cm}}\%$

5. $\dfrac{19}{100} = \underline{\hspace{2cm}}\%$

6. $\dfrac{6}{10} = \underline{\hspace{2cm}}\%$

7. $\dfrac{4}{10} = \underline{\hspace{2cm}}\%$

Expresa cada decimal en forma de porcentaje.

> **Ejemplo**
>
> $$0.15 = \frac{\boxed{15}}{100}$$
>
> $$= \underline{}\%$$

8. $0.28 = \dfrac{\boxed{}}{100}$

$= \underline{\hspace{2cm}}\%$

9. $0.07 = \underline{\hspace{2cm}}\%$

10. $0.01 = \underline{\hspace{2cm}}\%$

11. $0.08 = \underline{\hspace{2cm}}\%$

12. $0.5 = \underline{\hspace{2cm}}\%$

13. $0.9 = \underline{\hspace{2cm}}\%$

14. $0.8 = \underline{\hspace{2cm}}\%$

Expresa cada porcentaje en forma de fracción con un denominador de 100.

> **Ejemplo**
>
> $$53\% = \frac{\boxed{53}}{100}$$

15. $7\% = \dfrac{\boxed{}}{100}$

16. $13\% = \boxed{}$

17. $31\% = \boxed{}$

18. $5\% = \boxed{}$

19. $79\% = \boxed{}$

Expresa cada porcentaje en forma de fracción en su mínima expresión.

Ejemplo

$5\% = \dfrac{5}{100}$

$= \dfrac{1}{20}$

20. $25\% = \dfrac{\boxed{}}{100}$

$= \boxed{}$

21. $75\% = \boxed{}$

22. $84\% = \boxed{}$

23. $46\% = \boxed{}$

24. $55\% = \boxed{}$

Expresa cada porcentaje en forma de decimal.

Ejemplo

$27\% = \dfrac{27}{100}$

$= \underline{0.27}$

25. $58\% = \dfrac{\boxed{}}{100}$

$= \underline{}$

26. $9\% = $ _____

27. $1\% = $ _____

Escribe cada razón como una fracción y luego como porcentaje.

		Como fracción	Como porcentaje
28.	23 de 100		
29.	9 de 10		

Expresa cada porcentaje en forma de decimal. Luego, marca con una X el lugar donde se ubica cada decimal en la recta numérica.

30. 71% = _____   **31.** 19% = _____   **32.** 44% = _____

Resuelve. Muestra el proceso.

33. Hay 100 estudiantes en un concurso de dibujo y 58 de los estudiantes son niñas.

a. ¿Qué porcentaje de los estudiantes en el concurso son niñas?

b. ¿Qué porcentaje de los estudiantes en el concurso son niños?

34. Un sendero para trotar tiene 10 kilómetros de largo. Ming ha trotado 4 kilómetros del camino.

a. ¿Qué porcentaje del sendero ha trotado Ming?

b. ¿Qué porcentaje del sendero tiene que trotar Ming para completar todo el sendero?

Práctica 2   Expresar fracciones como porcentajes

Expresa cada fracción en forma de porcentaje.

┌─ *Ejemplo* ─────────────────────────────────┐

$\nearrow$ $\times 5$ $\searrow$

$$\frac{3}{20} = \frac{\boxed{15}}{\boxed{100}} = \underline{\quad 15 \quad}\%$$

$\searrow$ $\times 5$ $\nearrow$

└───┘

1. $\dfrac{26}{50} = $ _____%

2. $\dfrac{4}{5} = $ _____%

3. $\dfrac{19}{25} = $ _____%

4. $\dfrac{1}{4} = $ _____%

Expresa cada fracción en forma de porcentaje.

┌─ *Ejemplo* ─────────────────────────────────┐

$$\frac{1}{5} = \frac{1}{5} \times 100\% = \underline{\quad 20 \quad}\%$$

└───┘

5. $\dfrac{31}{50} = \boxed{} \times $ _____% = _____%

6. $\dfrac{9}{10} = \boxed{} \times $ _____% = _____%

7. $\dfrac{13}{20} = \boxed{} \times $ _____% = _____%

**Expresa cada fracción en forma de porcentaje.
Usa el modelo como ayuda.**

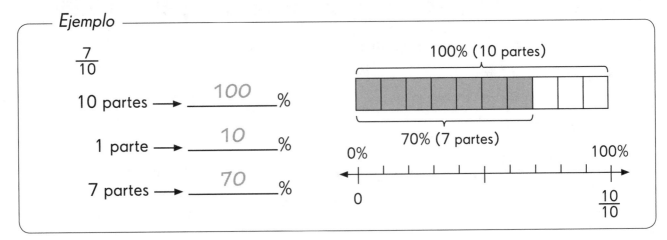

Ejemplo

$\dfrac{7}{10}$

10 partes ⟶ _____100_____ %

1 parte ⟶ _____10_____ %

7 partes ⟶ _____70_____ %

100% (10 partes)

70% (7 partes)

0%   100%

0                                    $\dfrac{10}{10}$

8. $\dfrac{11}{20}$

20 partes ⟶ _____ %

1 parte ⟶ _____ %

11 partes ⟶ _____ %

100% (20 partes)

? (11 partes)

0%   100%

0                                    $\dfrac{20}{20}$

9. $\dfrac{21}{25}$

25 partes ⟶ _____ %

1 parte ⟶ _____ %

21 partes ⟶ _____ %

100% (25 partes)

? (21 partes)

0%   100%

0                                    $\dfrac{25}{25}$

Expresa cada fracción en forma de porcentaje.

10. $\dfrac{64}{200} = \dfrac{32}{100} =$ _____ %

11. $\dfrac{130}{400} =$ _____ %

12. $\dfrac{480}{600} =$ _____ %

13. $\dfrac{518}{700} =$ _____ %

Nombre: _____ **Fecha:** _____

Resuelve. Muestra el proceso.

14. Jeremy terminó $\frac{3}{5}$ de su tarea. ¿Qué porcentaje de su tarea terminó?

15. Tracy corrió en un maratón, pero solo fue capaz de completar $\frac{13}{20}$ de la carrera.

a. ¿Qué porcentaje del maratón completó?

b. ¿Qué porcentaje del maratón no completó?

Resuelve. Muestra el proceso.

16. Katie compró harina. Usó $\frac{3}{8}$ de la harina para hornear pan.

¿Qué porcentaje de la harina queda?

17. Hay 800 miembros en un club de astronomía y 320 son mujeres.
¿Qué porcentaje de los miembros del club son hombres?

Práctica 3   Porcentaje de un número

Multiplica.

1.   25% × 84 = _____   **2.**   36% × 75 = _____

3.   40% de 680 = _____   **4.**   55% de 720 = _____

Resuelve. Muestra el proceso.

5.   De las 240 camisas que hay en un perchero, 40% son de tamaño mediano.
¿Cuántas camisas en el perchero son de tamaño mediano?

Resuelve. Muestra el proceso.

6. En una escuela hay 720 estudiantes. En un día de lluvia, faltó el 5% de los estudiantes. ¿Cuántos estudiantes faltaron?

5% de 720 = ?

7. Jenny hizo 200 pulseras. Vendió el 64% de las pulseras en una feria artesanal.

a. ¿Cuántas pulseras vendió?

b. ¿Cuántas pulseras no se vendieron?

Resuelve. Muestra el proceso.

8. En una sección del estadio había 12,000 espectadores. En esa sección, el 55% vestía camisas rojas y el resto vestía camisas blancas. ¿Cuántos espectadores vestían camisas blancas?

9. La señora Patel fue de compras con $120. Gastó 12% del dinero en carne y 25% en vegetales. ¿Cuánto dinero le quedó?

Resuelve. Muestra el proceso.

10.   Un vendedor vende tres tipos de relojes. De los relojes que tiene en existencia, 20% son relojes para hombres, 40% son relojes para mujeres y el resto son relojes para niños. Hay 250 relojes en total. ¿Cuántos relojes para niños hay?

Práctica 4   Problemas cotidianos: Porcentajes

Resuelve. Muestra el proceso.

1. Jenny compró una impresora que costó $240. La impresora tenía un impuesto sobre las ventas del 7%.

    a. ¿Cuánto pagó Jenny por el impuesto sobre las ventas?

    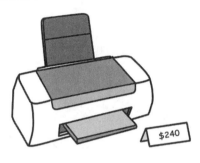

    b. ¿Cuánto pagó Jenny por la impresora con el impuesto?

2. Una empresa invierte $8,000 en una cuenta que paga 6% de interés anual.

    a. ¿Cuánto interés ganará la empresa al final de 1 año?

    b. ¿Cuánto dinero tendrá la empresa en la cuenta al final de 1 año?

Resuelve. Muestra el proceso.

3. El precio normal de una cámara digital era $250. Jairo compró la cámara digital con un descuento del 40%. ¿Cuánto pagó Jairo por la cámara digital?

4. Len compró un carro nuevo por $22,500. Después de varios años, vendió el carro con un descuento del 25%. ¿Cuál fue el precio de venta del carro?

Resuelve. Muestra el proceso.

5. El precio de la cena en un restaurante fue $80. El cliente pagó un 7% adicional por el impuesto sobre los alimentos y dejó una propina de $15.

   a. ¿Cuánto pagó el cliente por el impuesto sobre los alimentos?

   b. ¿Cuánto gastó el cliente en total en el restaurante?

6. El precio normal de un par de patines de hockey era $250. Ramón compró los patines con un descuento del 8%. Sin embargo, tuvo que pagar el 5% de impuesto sobre las ventas después del descuento.

   a. ¿Cuál fue el precio de venta de los patines?

   b. ¿Cuánto pagó Ramón en total por los patines?

 Diario de matemáticas

Arnold cenó en un restaurante con su familia. La cena costó $72.
Además de eso, pagó el 7% de impuesto sobre los alimentos.
¿Cuánto pagó Arnold por la cena?

Jairo obtuvo la respuesta usando su calculadora así:

93% × $72 = $66.96

Brandon obtuvo la respuesta usando su calculadora así:

107% × $72 = $77.04

¿Quién obtuvo la respuesta correcta?
Explica por qué su respuesta es la correcta.

¡Ponte la gorra de pensar!

Práctica avanzada

Resuelve. Muestra el proceso.

1. El señor Stanton compró un teléfono celular por el 80% del precio normal. El precio normal del teléfono era $450. El señor Wilson compró el mismo teléfono celular, pero pagó $500 por él. ¿Cuánto mas pagó el señor Wilson que el señor Stanton?

2. Helen tiene 30 boletos. Gina tiene 20 boletos más que Helen. ¿Qué porcentaje de sus boletos debe darle Gina a Helen para que ambas tengan la misma cantidad de boletos?

¡Ponte la gorra de pensar!

Resolución de problemas

Resuelve. Muestra el proceso.

Michelle colecciona estampillas de Estados Unidos, Canadá y México. En su colección, el 80% de las estampillas son de Estados Unidos y México. Hay 3 veces más estampillas de Estados Unidos que de México. ¿Qué porcentaje de la colección de Michelle son estampillas de Estados Unidos?

Repaso acumulativo
de los capítulos 8 a 10

Conceptos y destrezas

Marca con una X el lugar donde se ubica cada decimal en la recta numérica.
(Lección 8.1)

1. 0.032

2. 0.047

0.03   0.04   0.05

Completa. *(Lección 8.1)*

3. 3 décimos 5 centésimos = _____ milésimos

4. 803 milésimos = _____ décimos _____ milésimos

5. 0.835 = 8 décimos 3 centésimos _____ milésimos

Escribe el decimal equivalente. *(Lección 8.1)*

6. 8 unidades y 214 milésimos = _____

7. 1,180 milésimos = _____

8. $7\dfrac{60}{1000}$ = _____

9. $\dfrac{6050}{1000}$ = _____

4.526 se puede escribir en forma desarrollada como 4 + 0.5 + 0.02 + 0.006. Escribe cada decimal en notación desarrollada. *(Lección 8.1)*

10. 0.329 = _____ + _____ + _____

11. 20.125 = _____ + _____ + _____ + _____

Completa. *(Lección 8.1)*

En 9.168,

12. el dígito 6 está en el lugar de los _____.

13. el valor del dígito 8 es _____.

14. el dígito 1 representa _____.

Compara. Escribe >**,** <**, o** =**.** *(Lección 8.2)*

15. 1.07 $\bigcirc$ 1.7

16. 3.562 $\bigcirc$ 3.526

17. 15.4 $\bigcirc$ 15.40

Ordena los decimales. *(Lección 8.2)*

18. 2.08,   1.973,   6.1

Empieza con el menor:

_____

19. 1.567,   1.667,   1.376

Empieza con el mayor:

_____

Completa los espacios en blanco. *(Lección 8.2)*

20.　La masa de un cabello pesa 0.179 gramos.

　　　Redondea la masa al centésimo de gramo más cercano.

　　　0.179 gramos se redondea a _____ gramos.

21.　La longitud de una cuerda mide 2.589 yardas.

　　　Redondea la longitud al décimo de yarda más cercano.

　　　589 yardas se redondea a _____ yardas.

Escribe cada decimal en forma de número mixto en su mínima expresión. *(Lección 8.3)*

22.　$6.2 =$ _____

23.　$2.16 =$ _____

Multiplica. *(Lecciones 9.1 y 9.2)*

24.　$29.3 \times 8 =$ _____

25.　$12.08 \times 5 =$ _____

26.　$86.4 \times 10 =$ _____

27.　$13.5 \times 30 =$ _____

28.　$73.96 \times 100 =$ _____

29.　$6.2 \times 700 =$ _____

30. $9.34 \times 1{,}000 =$ _____   **31.** $25.6 \times 9{,}000 =$ _____

Multiplica. *(Lección 9.2)*

32. $7.8 \times 10^2 =$ _____   **33.** $0.05 \times 10^3 =$ _____

34. $0.178 \times 10^2 =$ _____   **35.** $9.5 \times 10^3 =$ _____

36. $20.1 \times 10^2 =$ _____   **37.** $1.206 \times 10^3 =$ _____

Divide. *(Lección 9.3)*

38. $0.5 \div 5 =$ _____

39. $0.63 \div 9 =$ _____

40. $36.8 \div 4 =$ _____

41. $96.3 \div 5 =$ _____

42. $3.36 \div 4 =$ _____

43. $1.92 \div 8 =$ _____

Divide. Redondea el cociente al décimo y al centésimo más cercano. *(Lección 9.3)*

44. $19 \div 7 =$ _____ al décimo más cercano

$19 \div 7 =$ _____ al centésimo más cercano

Divide. *(Lección 9.4)*

45. $38 \div 10 =$ _____

46. $19.6 \div 20 =$ _____

47. $4.5 \div 100 =$ _____

48. $375 \div 300 =$ _____

49. $5,030 \div 1,000 =$ _____

50. $2,506 \div 7,000 =$ _____

Estima cada respuesta redondeando los números al lugar adecuado.
(Lección 9.5)

51. $91.2 + 25.9$

52. $37.4 - 11.7$

53. 21.63×5

54. $7.55 \div 8$

Convierte. *(Lección 9.6)*

55.   3.5 m = _____ cm

56.   61.9 m = _____ m _____ cm

57.   9.072 km = _____ m

58.   15.8 km = _____ km _____ m

59.   0.07 kg = _____ g

60.   59.06 kg = _____ kg _____ g

61.   70.4 L = _____ mL

62.   2.007 L = _____ L _____ mL

Convierte. *(Lección 9.6)*

63.   73.9 cm = _____ m   **64.**   5 m 12 cm = _____ m

65.   79 m = _____ km   **66.**   40 km 56 m = _____ km

67.   6 g = _____ kg   **68.**   81,500 mL = _____ L

Escribe cada razón de tres maneras. Completa la tabla. *(Lección 10.1)*

		Como una fracción	Como un porcentaje	Como un decimal
69.	57 de 100			
70.	8 de 10			

Expresa cada fracción en forma de porcentaje. *(Lección 10.2)*

71. $\dfrac{88}{200} =$

72. $\dfrac{204}{400} =$

73. $\dfrac{6}{20} =$

74. $\dfrac{7}{50} =$

75. $\dfrac{13}{20} =$

76. $\dfrac{16}{25} =$

Resolución de problemas

Resuelve.

77.   Hazel ahorra $5.75 por semana.

¿Cuánto ahorra en 2 semanas?

78.   Tyrone gasta $23.83 en un libro y $9.12 en una cartera.
¿Cuánto gasta en los dos artículos?

79.   Evelyn tiene 12.7 cuartos de ponche de frutas en un recipiente en el
refrigerador. Vierte el ponche de frutas en vasos. Llena 5 vasos, cada uno
con una capacidad de 0.36 cuartos. Luego llena 8 vasos, cada uno con una
capacidad de 0.52 cuartos. ¿Cuánto ponche de frutas queda en el recipiente?

Resuelve. Usa modelos como ayuda.

80. El peso total de tres mesas es de 16.9 libras. La primera mesa es dos veces más pesada que la segunda mesa. El peso de la tercera mesa es $\frac{1}{3}$ del peso de la segunda mesa. ¿Cuánto pesa la primera mesa?

81. Hay 950 asientos en un teatro. El 82% de los asientos están ocupados. ¿Cuántos asientos están desocupados?

Resuelve. Usa modelos como ayuda.

82. Rahim gasta 10% de su asignación semanal el lunes. El miércoles, gasta $\frac{1}{3}$ del resto. ¿Qué porcentaje de su asignación le queda al final del miércoles?

83. La señora Jones compra un violín por $860. Además de eso, tiene que pagar 7% de impuesto sobre las ventas. ¿Cuánto paga en total?

84. La longitud de una mesa es 2.1 metros. Es 7 veces más larga que la longitud de un papel cuadrado. ¿Cuál es el perímetro del papel? Expresa tu respuesta en centímetros.

Resuelve. Muestra el proceso.

85. El precio normal de un televisor es $1,200. Alberto compra el televisor con un descuento del 35%. ¿Cuánto paga por el televisor?

86. Una banda escolar ofrece un concierto de fin de año. El concierto se realiza en un auditorio para 400 personas. Cada entrada al concierto cuesta $10, y se vendió el 85% de las entradas. ¿Cuánto dinero ganó la banda con la venta de las entradas?

87. El equipaje del Sr. Aaron pesa 25.97 kilogramos. ¿Cuánto más puede empacar si tiene derecho a llevar 30 kilogramos? Escribe tu respuesta en kilogramos y gramos.

Gráficas y probabilidad

Práctica 1 Crear e interpretar diagramas de puntos

Usa los datos de la tabla para responder las preguntas.

Ejemplo

Marco tiene unas tiras de alambre de diferentes longitudes, como lo indica la tabla.

Longitud de las tiras (m)	$\frac{1}{5}$	$\frac{2}{5}$	$\frac{3}{5}$	$\frac{7}{10}$
Número de tiras	3	1	6	5

Marco hizo un diagrama de puntos para representar el número de tiras.
Cada ✗ representa una tira.

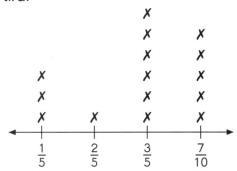

Tiras de alambre

1. ¿Cuál es la longitud total de las tiras de alambre?

$$3 \times \frac{1}{5} + 1 \times \frac{2}{5} + 6 \times \frac{3}{5} + 5 \times \frac{7}{10} = \frac{81}{10} = 8\frac{1}{10}$$

La longitud total es ___$8\frac{8}{10}$ metros___.

2. Marco usa 3 de las tiras de alambre de $\frac{3}{5}$ de metro para hacer una muñeca. ¿Cuál es la longitud total de alambre que se necesita para hacer una muñeca?

$$3 \times \frac{3}{5} = \frac{9}{5} = 1\frac{4}{5}$$

Marco usa ___$1\frac{4}{5}$ metros___ para hacer la muñeca.

Usa los datos de la tabla para responder las preguntas.

La siguiente tabla muestra la cantidad de jugo de naranja que hay en 9 cajas de jugo.

Cantidad de jugo (pt)	$\frac{1}{4}$	$\frac{3}{8}$	$\frac{1}{2}$	$\frac{5}{8}$
Número de cajas de jugo	2	2	4	1

1. Haz una gráfica de puntos para representar los datos de la tabla.

$\frac{1}{4}$ $\frac{3}{8}$ $\frac{1}{2}$ $\frac{5}{8}$

Jugo de naranja en las cajas

2. ¿Cuál es la cantidad total de jugo de naranja en todas las cajas de jugo?

La cantidad total de jugo es _____.

3. Todo el jugo de naranja se vierte equitativamente en 5 recipientes. ¿Cuánto jugo se vierte en cada recipiente?

La cantidad de jugo en cada recipiente es _____.

Usa los datos de la tabla para responder las preguntas.

Kelly pesó unos trozos de plastilina y anotó su peso en una tabla, como se muestra aquí.

Peso de la plastilina (lb)	$\frac{1}{8}$	$\frac{1}{4}$	$\frac{1}{2}$	$\frac{5}{8}$	$\frac{7}{8}$
Número de pedazos de plastilina	3	3	2	1	1

4.   Haz una gráfica de puntos para representar los datos de la tabla.

Peso de los pedazos de plastilina

5.   ¿Cuál es el peso total de cada grupo de peso de la plastilina?

6. ¿Cuál de los grupos de peso ($\frac{1}{8}$, $\frac{1}{4}$, $\frac{1}{2}$, $\frac{5}{8}$, o $\frac{7}{8}$) pesa más?

El peso total del grupo más pesado es _____.

¿Cuál de los grupos de peso pesa menos?

El peso total del grupo menos pesado es _____.

7. Los pedazos de plastilina se combinan y se dividen en 10 pedazos de igual peso. ¿Cuánto pesa cada nuevo grupo de plastilina?

El peso de cada nuevo grupo es = _____.

Usa los datos de la tabla para responder las preguntas.

Una obra de arte se realizó usando baldosas rectangulares de diferentes tamaños.
La siguiente tabla muestra el área de las baldosas que se usaron.

Área de las baldosas rectangulares (ft²)	$\frac{3}{8}$	$\frac{9}{16}$	$\frac{3}{4}$
Número de mosaicos	3	4	2

8. Haz una gráfica de puntos para representar los datos de la tabla.

9. ¿Cuál es el área total de la obra de arte con todas las baldosas?

El área total de la obra de arte es _____.

10. El peso de 1 pie cuadrado de baldosas es 10 onzas. ¿Cuánto pesa toda la obra?

El peso de toda la obra es _____.

Práctica 2 Crear e interpretar gráficas de doble barra

Completa. Usa los datos de la gráfica.

La gráfica de doble barra muestra el número de niños y niñas en dos clases, 5.º A y 5.º B.

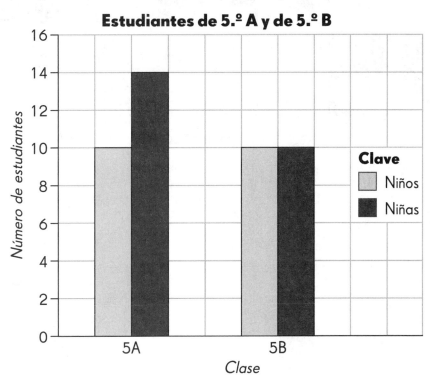

Estudiantes de 5.º A y de 5.º B

Número de estudiantes

Clase

Clave
☐ Niños
■ Niñas

1. Hay _____ estudiantes en 5.º A y _____ estudiantes en 5.º B.

2. Hay _____ niñas más que niños en 5.º A.

3. La _____ clase tiene la misma cantidad de niños que de niñas.

4. Hay _____ niñas en total entre 5.º A y 5.º B.

5. Hay _____ niños en total entre 5.º A y 5.º B.

6. El promedio de estudiantes de las dos clases es _____.

Completa la gráfica de barras usando los datos de la tabla.
Luego, responde las preguntas.

7. La tabla muestra el número de bolsas de manzanas y naranjas que vendió un tendero en tres días.

	Jueves	Viernes	Sábado
Número de bolsas de manzanas	20	25	30
Número de bolsas de naranjas	25	35	45

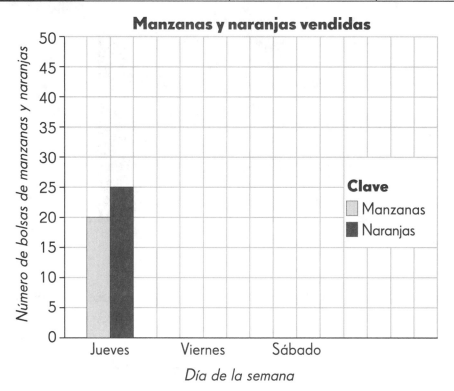

8. El viernes se vendieron _____ bolsas más de naranjas que de manzanas.

9. El sábado se vendieron _____ bolsas menos de manzanas que de naranjas.

10. El _____ se vendió el mayor número total de bolsas de manzanas y naranjas.

11. El _____ hubo la menor diferencia entre el número de bolsas de manzanas y naranjas vendidas.

Práctica 3   Hacer gráficas de ecuaciones

Escribe el par ordenado de cada punto.

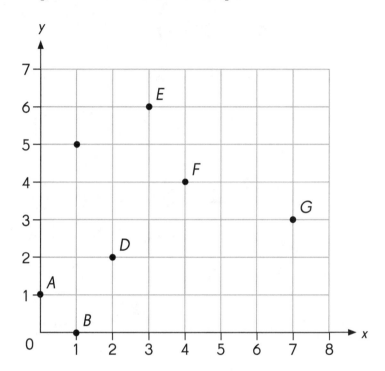

> *Ejemplo*
>
> A   _____(O, 1)_____

1.   B   _____   **2.**   C   _____

3.   D   _____   **4.**   E   _____

5.   F   _____   **6.**   G   _____

Traza cada punto en la cuadrícula de coordenadas.

7.   P (0, 5)   **8.**   Q (4, 0)

9.   R (3, 6)   **10.**   S (5, 1)

11.   T (2, 5)   **12.**   U (0, 0)

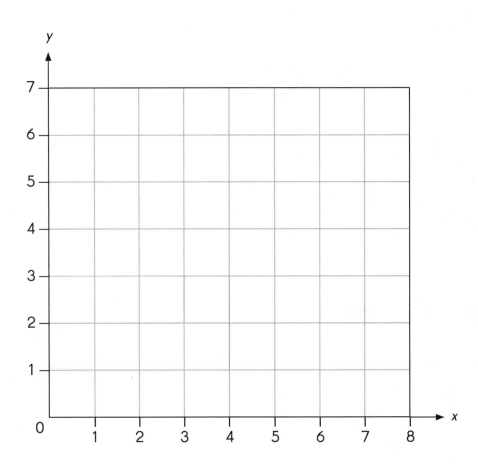

Nombre: _____   **Fecha:** _____

Usa la gráfica para responder las preguntas.

El perímetro de un cuadrado es *P* centímetros y la longitud de cada lado es *l* centímetros. Se dibuja una gráfica de $P = 4l$.

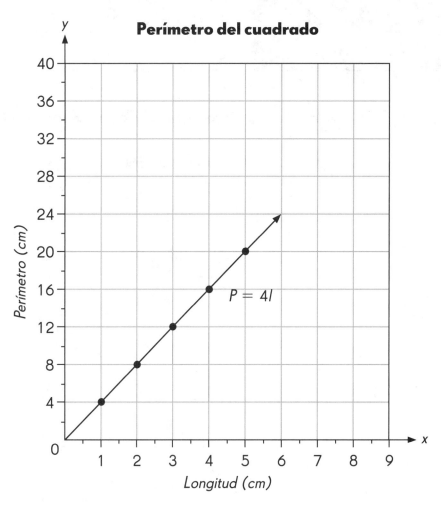

Perímetro del cuadrado

$P = 4l$

Perímetro (cm)

Longitud (cm)

13. ¿Cuál es el perímetro de un cuadrado de 2 centímetros de lado? _____

14. ¿Cuál es el perímetro de un cuadrado de 4.5 centímetros de lado? _____

15. ¿Cuál es la longitud del lado de un cuadrado si su perímetro es de 4 centímetros?

_____

16. ¿Cuál es la longitud del lado de un cuadrado si su perímetro es de 10 centímetros?

_____

17. Si el punto (7, *M*) está en la gráfica, ¿cuál es el valor de *M*? _____

Completa la tabla.

18. Cada botella contiene 2 litros de aceite de cocinar.

Número de botellas (x)	1	2	3		5	6
Número de litros (y)	2		6	8		12

Completa la gráfica con los datos de la tabla. Luego, responde las preguntas.

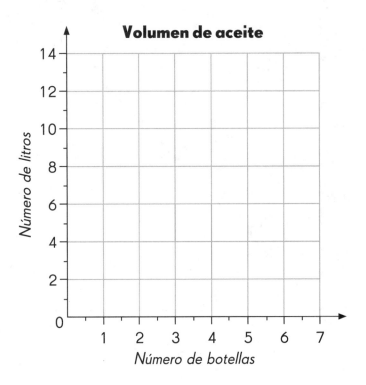

19. ¿Cuántos litros de aceite hay en 3 botellas? _____

20. ¿Cuántos litros de aceite hay en 2.5 botellas? _____

21. ¿Cuántas botellas contienen 8 litros de aceite? _____

22. ¿Cuántas botellas contienen 7 litros de aceite? _____

23. ¿Cuántas botellas contienen 11 litros de aceite? _____

Práctica 4   Comparar datos usando gráficas lineales

Completa las tablas y gráficas. Luego, responde las preguntas.

Jaime camina a un ritmo de 20 pasos por minuto. Kaylee camina a un ritmo de 25 pasos por minuto.

1.   Completa las tablas.

Ritmo de Jaime ($y = 20x$)

Tiempo caminando (min)	0	1	2	3	4	5
Número de pasos	0	20				

Ritmo de Kaylee ($y = 25x$)

Tiempo caminando (min)	0	1	2	3	4	5
Número de pasos	0	25				

2.   **a.**   Escribe los pares ordenados que representan el número de pasos que dan cada uno, Jaime y Kaylee.

b. Representa los puntos en una gráfica y únelos con dos rectas. Haz una recta para Jaime y otra para Kaylee.

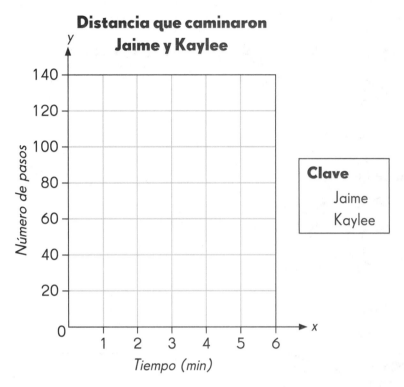

Distancia que caminaron Jaime y Kaylee

Clave
Jaime
Kaylee

3. ¿Cuántos pasos da cada persona en 4 minutos?

4. ¿Cuánto le toma a cada persona caminar 100 pasos?

5. ¿En qué se diferencia el número de pasos que da Kaylee del número de pasos que da Jaime en el mismo tiempo?

Completa las tablas y gráficas. Luego, responde las preguntas.

La impresora A puede imprimir 20 páginas por minuto. La impresora B puede imprimir 30 páginas por minuto.

6. Completa las tablas.

Impresora A ($y = 20x$)

Tiempo (min)	1	2	3	4	5
Número de páginas	20				

Impresora B ($y = 30x$)

Tiempo (min)	1	2	3	4	5
Número de páginas	30				

7. **a.** Escribe los pares ordenados que aparecen en cada tabla.

b. Representa los puntos en una gráfica. Traza una línea recta para cada impresora uniendo sus puntos.

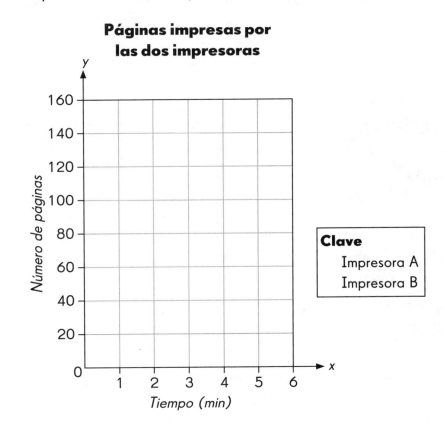

Páginas impresas por las dos impresoras

Clave
Impresora A
Impresora B

Número de páginas

Tiempo (min)

8. ¿Cuál impresora imprime más páginas en 4 minutos? ¿Cuántas más?

9. Si usas las dos impresoras, ¿cuántas páginas puedes imprimir en 3 minutos?

10. ¿Cuánto tiempo les tomará a las dos impresoras juntas imprimir 225 páginas?

11. Imagina que hiciste una gráfica del número de páginas que las dos impresoras pueden imprimir al mismo tiempo. ¿Estará esta gráfica lineal arriba de las dos primeras, en medio de las dos, o debajo de las dos? Explica tu respuesta.

Estudia la gráfica. Luego, responde las preguntas de la página 118.

Dos grifos de agua, P y Q, están abiertos. El agua sale de ambos y cae en un recipiente. El agua del grifo P sale a una razón de 60 mililitros por segundo. El agua del grifo Q sale a una razón de 30 mililitros por segundo.

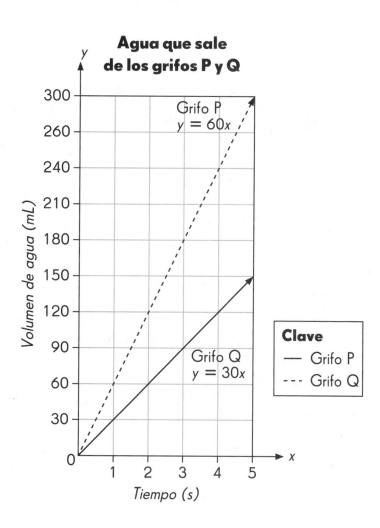

12. ¿Cuánta agua hay en el recipiente después de 3 segundos?

13. Si solo un grifo se abre a la vez, ¿cuánto tiempo se necesita para que el nivel de agua llegue a 120 mililitros?

14. ¿Cuánta agua saldrá de cada grifo después de 6 segundos?

15. ¿Cuál grifo llenará un recipiente más rápidamente? ¿Cuánto más rápido?

Práctica 5   Combinaciones

Completa.

Una bolsa contiene 1 canica roja, 1 azul y 1 verde. Otra bolsa contiene 1 cubo rojo y 1 cubo azul.

1. Haz una lista de todas las combinaciones posibles al elegir 1 canica y 1 cubo.

Color de la canica	Color del cubo

2. Hay _____ combinaciones.

Completa.

En un torneo de fútbol hay dos ligas. Cada liga tiene tres equipos.
Los equipos A, B y C están en la Liga Este. Los equipos X, Y y Z están en la Liga Oeste.
Cada equipo de la Liga Este juega contra cada equipo de la Liga Oeste.

3. Completa la tabla de los partidos jugados.

	Liga Este		
	A	B	C
X			
Y			
Z			

Liga Oeste

4. El número de combinaciones de partidos de los 6 equipos es _____.

Dibuja un diagrama de árbol para hallar el número de combinaciones.

5.   La señora Li tiene 4 libros diferentes y 1 bolígrafo rojo, 1 bolígrafo azul y
      1 bolígrafo negro. Está envolviendo un libro y un bolígrafo para regalar.
      Dibuja un diagrama de árbol para hallar el número de combinaciones que
      puede hacer.

Hay _____ combinaciones.

Halla el número de combinaciones.

6. Rina tiene 1 falda negra, 1 falda roja y 1 falda amarilla.
Tiene 1 blusa blanca, 1 blusa floreada y 1 blusa a rayas.

a. Dibuja un diagrama de árbol que muestre las posibles combinaciones que
Rina puede usar.

b. Halla el número de conjuntos usando la multiplicación.

El número de conjuntos es _____.

Completa.

7. En una flecha giratoria, hay 4 colores. En un cubo numérico, hay 6 caras numeradas del 1 al 6. Se hace girar la flecha giratoria y se arroja el cubo numérico.

Hay _____ combinaciones de color y de números.

8. El estante de una biblioteca tiene 10 libros de matemáticas, 8 libros de ciencias y 12 libros de historia.

a. Hay _____ combinaciones de un libro de matemáticas y un libro de ciencias.

b. Hay _____ combinaciones de un libro de ciencias y un libro de historia.

c. Hay _____ combinaciones de un libro de matemáticas y un libro de historia.

Práctica 6 Probabilidad teórica y probabilidad experimental

Usa la tabla para responder las preguntas.
Expresa cada probabilidad en forma de decimal.

Una flecha giratoria tiene 4 secciones iguales de 4 colores diferentes: rojo, azul, verde y amarillo. La flecha giratoria se hace girar 100 veces. La tabla muestra el número de veces que se detiene en cada color.

Resultado	Número de veces
se detiene en el rojo	28
se detiene en el azul	25
se detiene en el verde	24
se detiene en el amarillo	23

1. ¿Cuál es la probabilidad experimental de que se detenga en el rojo?

   _____

2. ¿Cuál es la probabilidad experimental de que se detenga en el azul?

   _____

3. ¿Cuál es la probabilidad experimental de que se detenga en el verde?

   _____

4. ¿Cuál es la probabilidad experimental de que se detenga en el amarillo?

   _____

5. ¿Cuál es la probabilidad teórica de que se detenga en cada uno de los cuatro colores?

   _____

Usa la tabla para responder las preguntas.
Expresa cada probabilidad en forma de fracción en su mínima expresión.

Un cubo numérico tiene 1 cara numerada con el 1, 2 caras numeradas con el 2
y 3 caras numeradas con el 3. El cubo se arroja 100 veces.
La tabla muestra el número de veces que aparece cada número.

Resultado	Número de veces
El cubo muestra el 1	14
El cubo muestra el 2	34
El cubo muestra el 3	52

6. ¿Cuál es la probabilidad experimental de que el cubo muestre el 1?

_____

7. ¿Cuál es la probabilidad teórica de que el cubo muestre el 1?

_____

8. ¿Cuál es la probabilidad experimental de que el cubo muestre el 2?

_____

9. ¿Cuál es la probabilidad teórica de que el cubo muestre el 2?

_____

10. ¿Cuál es la probabilidad experimental de que el cubo muestre el 3?

_____

11. ¿Cuál es la probabilidad teórica de que el cubo muestre el 3?

_____

Usa la tabla para responder las preguntas.
Expresa cada probabilidad en forma de decimal.

Una bolsa contiene 2 canicas azules, 3 canicas rojas y 5 canicas verdes.
Se saca una canica de la bolsa, se anota su color y se devuelve a la bolsa.
La tabla muestra los resultados de sacar una canica 200 veces.

Resultado	Número de veces
canica azul	36
canica roja	56
canica verde	108

12. ¿Cuál es la probabilidad experimental de sacar una canica azul?

_____

13. ¿Cuál es la probabilidad teórica de sacar una canica azul?

_____

14. ¿Cuál es la probabilidad experimental de sacar una canica roja?

_____

15. ¿Cuál es la probabilidad teórica de sacar una canica roja?

_____

16. ¿Cuál es la probabilidad experimental de sacar una canica verde?

_____

17. ¿Cuál es la probabilidad teórica de sacar una canica verde?

_____

Completa.

Una flecha giratoria está dividida en 16 partes iguales. Cada parte está coloreada de verde, amarillo o azul. La flecha giratoria se gira 25 veces. La tabla de conteo muestra el número de veces que se detiene en cada color.

Color	Marcas de conteo	Número
verde	////	4
amarillo	//// ////	9
azul	//// //// //	12

18. ¿Cuál es el conjunto probable de colores de la flecha giratoria: el conjunto A, el conjunto B o el conjunto C?

Conjunto _____

	Verde	Amarillo	Azul
Conjunto A	3	10	3
Conjunto B	6	5	5
Conjunto C	2	6	8

19. ¿Cuál es la probabilidad experimental de que se detenga en el verde?

_____

20. ¿Cuál es la probabilidad experimental de que se detenga en el amarillo?

_____

21. ¿Cuál es la probabilidad experimental de que se detenga en el azul?

_____

Nombre: _____   **Fecha:** _____

¡Ponte la gorra de pensar!

Práctica avanzada

Completa.

1. La tabla muestra la conversión de galones a pintas. Completa la tabla.

Número de galones (x)	1	2	3	4	5	6
Número de pintas (y)		16			40	

2. Escribe la ecuación que relaciona el número de pintas (y) con el número de galones (x).

_____

3. Dibuja la gráfica de la ecuación. Rotula los ejes y la ecuación.

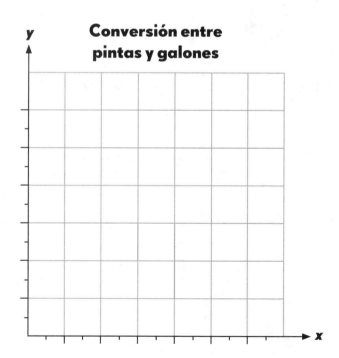

Conversión entre pintas y galones

Usa la gráfica para responder las preguntas.

4.   ¿Cuántas pintas son $3\frac{1}{2}$ galones?

5.   ¿Cuántas pintas son $4\frac{1}{2}$ galones?

6.   ¿Cuántos galones son 20 pintas?

7.   ¿Cuántos galones son 44 pintas?

Completa.

8.   La tabla muestra la conversión de cuartos a tazas. Completa la tabla.

Número de cuartos (x)	1	2	3			6
Número de tazas (y)		8		16	20	24

9.   Escribe la ecuación que relaciona el número de tazas (y) con el número de cuartos (x).

_____

¡Ponte la gorra de pensar!

Resolución de problemas

Resuelve.

1.   Jim tiene una moneda de 10¢, una moneda de 5¢ y una moneda de 25¢.
¿Cuántas cantidades diferentes de dinero puede formar si usa una o más
de estas monedas?

2. Hay un número igual de cuentas rojas, azules y verdes en una bolsa.
Se quita una cuenta, se anota el color y se devuelve.
Luego se quita una segunda cuenta.

a. Dibuja un diagrama de árbol que muestre los resultados.

b. ¿Cuál es la probabilidad de sacar dos cuentas rojas? _____

c. ¿Cuál es la probabilidad de sacar una cuenta roja y una verde?

_____

d. ¿Cuál es la probabilidad de no sacar ninguna cuenta roja? _____

Capítulo **12** Ángulos

Práctica 1   Ángulos en una línea

En cada figura, $\overleftrightarrow{AC}$ es una línea. Usa un transportador para hallar las medidas desconocidas de los ángulos.

1.

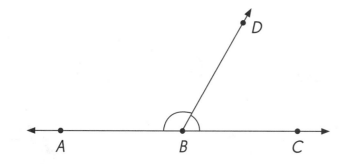

$m\angle DBC =$ _____

$m\angle DBA =$ _____

$m\angle DBC + m\angle DBA =$ _____ + _____

$=$ _____

2.

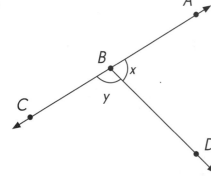

$m\angle x =$ _____

$m\angle y =$ _____

$m\angle x + m\angle y =$ _____ + _____

$=$ _____

$\overleftrightarrow{AC}$ es una línea . Usa un transportador para hallar las medidas desconocidas de los ángulos.

3.

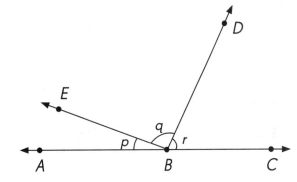

m∠p = _____

m∠q = _____

m∠r = _____

m∠p + m∠q + m∠r = _____ + _____ + _____

= _____

Nombra los ángulos en cada línea.

4. $\overleftrightarrow{XZ}$ es una línea.

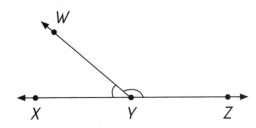

_____

5. $\overleftrightarrow{PR}$ es una línea.

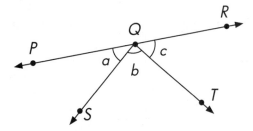

_____

Nombra cada grupo de ángulos en una línea.

6. $\overleftrightarrow{AC}$ es una línea.

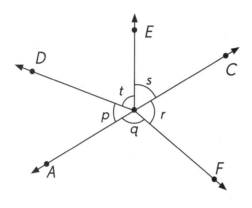

_____

_____

7. $\overleftrightarrow{AB}$ y $\overleftrightarrow{CD}$ son líneas.

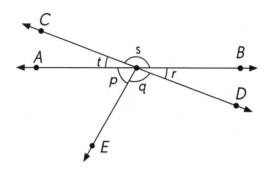

_____

_____

_____

Halla las medidas desconocidas de los ángulos.

8. $\overleftrightarrow{AC}$ es una línea. Halla la medida del $\angle DBC$.

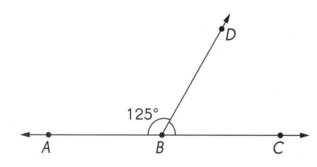

$m\angle DBC + 125° = 180°$

$m\angle DBC = 180° - $ _____

$= $ _____

9. $\overleftrightarrow{EG}$ es una línea. Halla la medida del $\angle HFE$.

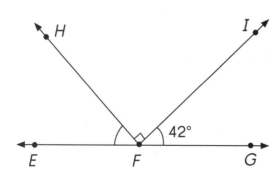

$m\angle HFE = $ _____

Halla las medidas desconocidas de los ángulos.

10. $\overleftrightarrow{OQ}$ es una línea. Halla la medida del $\angle SPT$.

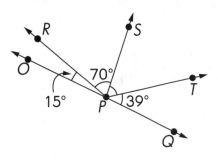

$m\angle SPT =$ _____

11. $\overleftrightarrow{AC}$ es una línea. Halla la medida del $\angle EBF$.

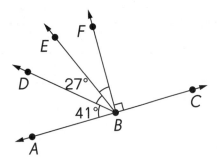

$m\angle EBF =$ _____

12. $\overrightarrow{JK}$ es una línea. Halla las medidas del $\angle y$ y el $\angle z$.

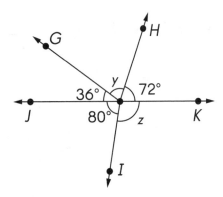

$m\angle y =$ _____

$m\angle z =$ _____

13. $\overleftrightarrow{EF}$ y $\overleftrightarrow{GH}$ son líneas. Halla las medidas del $\angle a$ y el $\angle b$.

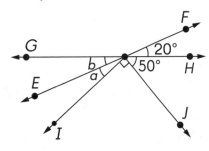

$m\angle a =$ _____

$m\angle b =$ _____

Práctica 2 Ángulos en un punto

En cada figura, las semirrectas se unen en un punto. Usa un transportador para hallar las medidas desconocidas de los ángulos.

1.

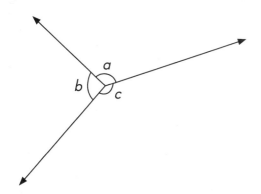

m∠a = _____

m∠b = _____

m∠c = _____

m∠a + m∠b + m∠c = _____ + _____ + _____

= _____

2.

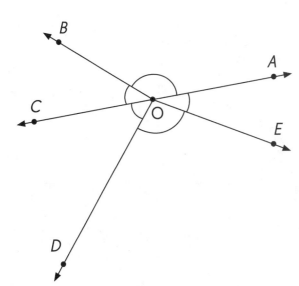

m∠AOB = _____

m∠BOC = _____

m∠COD = _____

m∠DOE = _____

m∠AOE = _____

m∠AOB + m∠BOC + m∠COD + m∠DOE + m∠AOE

= _____ + _____ + _____ + _____ + _____

= _____

Nombra los ángulos en un punto.

3.

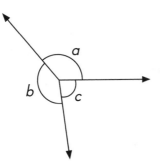

_____

4.

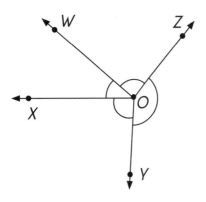

_____

5.

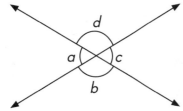

_____

6.

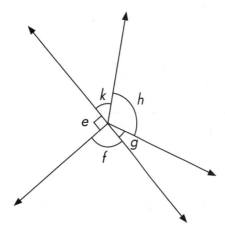

_____

Halla las medidas desconocidas de los ángulos.

7. Halla la medida del ∠AOB.

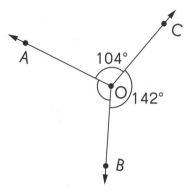

m∠AOB = _____

8. Halla la medida del ∠a.

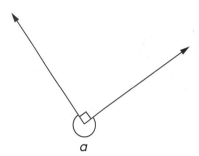

m∠a = _____

9. Halla la medida del ∠b.

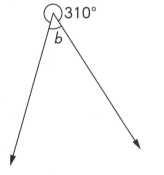

m∠b = _____

10. Halla la medida del ∠c.

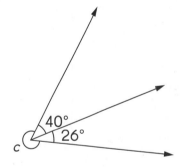

m∠c = _____

Halla las medidas desconocidas de los ángulos.

11. Halla la medida del ∠q.

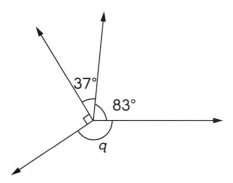

m∠q = _____

12. Halla la medida del ∠r.

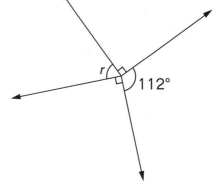

m∠r = _____

13. Halla la medida del ∠a.

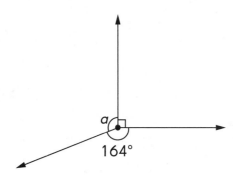

m∠a = _____

14. $\overleftrightarrow{PR}$ y $\overrightarrow{TU}$ se unen en Q. Halla las medidas del ∠PQS y el ∠TQR.

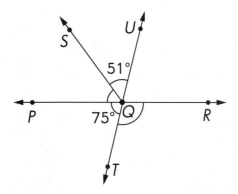

m∠PQS = _____

m∠TQR = _____

Práctica 3   Ángulos verticales

Completa.

1. $\overleftrightarrow{AB}$ y $\overleftrightarrow{CD}$ se unen en O. Usa un transportador para hallar las medidas
desconocidas de los ángulos.

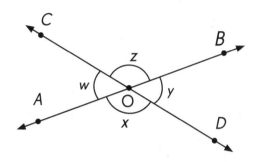

m∠w = _____

m∠x = _____

m∠y = _____

m∠z = _____

m∠_____ = m∠_____

∠_____ y ∠_____ son ángulos verticales.

m∠_____ = m∠_____

∠_____ y ∠_____ son ángulos verticales.

2. $\overleftrightarrow{XZ}$ y $\overleftrightarrow{VW}$ se unen en Y. Usa un transportador para hallar las medidas
desconocidas de los ángulos.

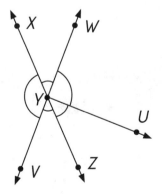

m∠XYW = _____

m∠WYU = _____

m∠UYZ = _____

m∠ZYV = _____

m∠VYX = _____

∠_____ y ∠_____ son ángulos verticales.

∠_____ y ∠_____ son ángulos verticales.

Completa.

3. Observa la estrella y los ángulos que están marcados. En la siguiente tabla escribe tres grupos de:

a. ángulos en una línea,
b. ángulos en un punto,
c. ángulos verticales.

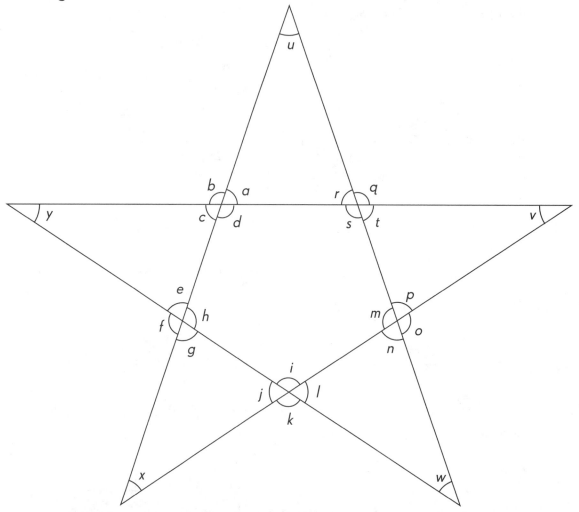

Ángulos en una línea	Ángulos en un punto	Ángulos verticales
∠b y ∠c	∠a, ∠b, ∠c y ∠d	∠a y ∠c

Traza.

4.   Traza semirrectas en *P* que formen
  a.   un ángulo cuya medida sume 180° junto con la medida del ∠*x*,
  b.   un ángulo cuya medida sea igual a la medida del ∠*x*.
  (No uses un transportador para trazar los ángulos.)

a.

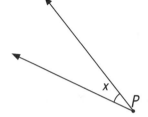

b.

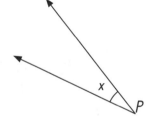

Halla las medidas desconocidas de los ángulos.

5. $\overleftrightarrow{AB}$ y $\overleftrightarrow{CD}$ se unen en O. Halla la medida del $\angle COB$.

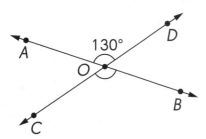

m$\angle COB =$ _____

6. $\overleftrightarrow{EF}$ y $\overleftrightarrow{GH}$ se unen en O. Halla las medidas del $\angle GOF$ y el $\angle EOH$.

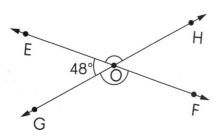

m$\angle GOF =$ _____

m$\angle EOH =$ _____

7. $\overleftrightarrow{RS}$ y $\overleftrightarrow{PQ}$ se unen en N. Halla las medidas los ángulos $\angle PNR$, $\angle RNQ$ y $\angle QNS$.

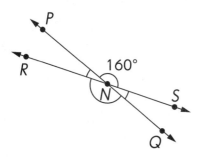

m$\angle PNR =$ _____

m$\angle RNQ =$ _____

m$\angle QNS =$ _____

Halla las medidas desconocidas de los ángulos.

8. $\overleftrightarrow{JK}$ y $\overleftrightarrow{LM}$ se unen en O. Halla la medida del $\angle NOK$.

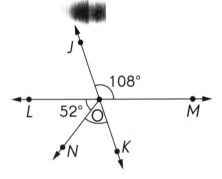

m$\angle NOK =$ _____

9. $\overleftrightarrow{AB}$, $\overleftrightarrow{CD}$ y $\overleftrightarrow{EF}$ se unen en O. Halla la medida del $\angle x$.

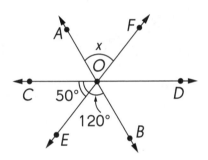

m$\angle x =$ _____

10. $\overleftrightarrow{AB}$ y $\overleftrightarrow{CD}$ se unen en O. Halla la medida del $\angle w$.

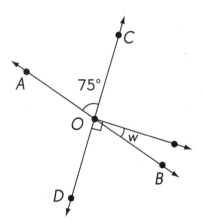

m$\angle w =$ _____

Halla las medidas desconocidas de los ángulos.

11. $\overleftrightarrow{QR}$ y $\overrightarrow{ST}$ se unen en O. Halla las medidas de $\angle QOS$, $\angle TOR$ y $\angle SOR$.

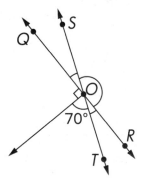

m∠ QOS = _____

m∠ TOR = _____

m∠ SOR = _____

12. $\overleftrightarrow{AB}$ y $\overleftrightarrow{CD}$ se unen en O. Halla las medidas de $\angle p$, $\angle q$ y $\angle r$.

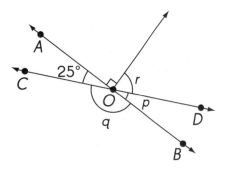

m∠ p = _____

m∠ q = _____

m∠ r = _____

13. $\overleftrightarrow{UV}$, $\overleftrightarrow{WX}$ y $\overleftrightarrow{YZ}$ se unen en O. Halla la medida del $\angle UOW$.

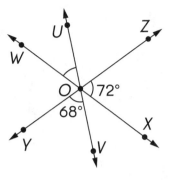

m$\angle UOW =$ _____

14. $\overleftrightarrow{AB}$, $\overleftrightarrow{CD}$ y $\overleftrightarrow{EF}$ se unen en O. Halla las medidas del $\angle x$ y el $\angle y$.

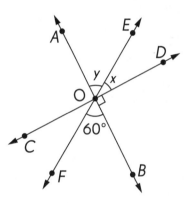

m$\angle x =$ _____

m$\angle y =$ _____

Diario de matemáticas

Marca las casillas correspondientes a las afirmaciones correctas.
Luego, explica tu respuesta.

1. $\overleftrightarrow{XY}$ es una línea.

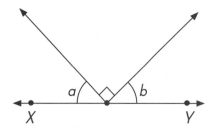

☐ m∠a es mayor de 90°.

☐ Si m∠a = m∠b,
entonces m∠a = 45°.

2. $\overleftrightarrow{AB}$ y $\overleftrightarrow{CD}$ se unen en O.

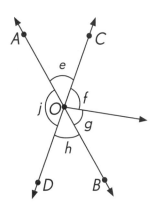

☐ m∠e = m∠h

☐ m∠f + m∠g = m∠j

☐ m∠e = m∠g

¡Ponte la gorra de pensar!

Práctica avanzada

Halla las medidas desconocidas de los ángulos. Explica.

1. $\overleftrightarrow{GJ}$ es una línea. El $\angle LHK$ es un ángulo recto. Halla la medida del $\angle LHJ$.

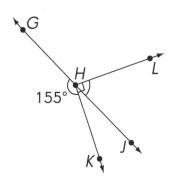

2. $\overleftrightarrow{MN}$ y $\overleftrightarrow{XY}$ se unen en O y m$\angle a$ = m$\angle b$.
Halla la medida del $\angle c$.

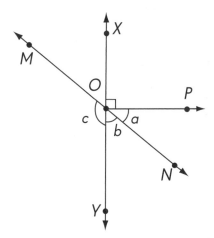

3. $\overleftrightarrow{AC}$ es una línea. El $\angle ABE$ y el $\angle DBF$ son ángulos rectos.
Halla la medida del $\angle FBC$.

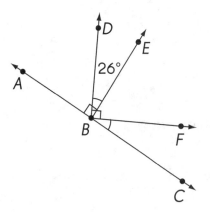

4. $\overleftrightarrow{AB}$ y $\overleftrightarrow{WX}$ se unen en O. El $\angle COB$ y el $\angle YOX$ son ángulos rectos.
Halla las medidas del $\angle AOX$ y el $\angle COY$.

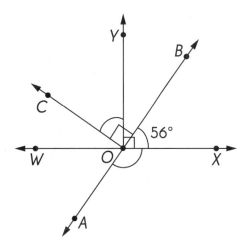

 ¡Ponte la gorra de pensar!

Resolución de problemas

Resuelve.

1. $\overleftrightarrow{JK}$ y $\overleftrightarrow{LM}$ son líneas.
Marca las casillas correspondientes a los enunciados correctos.

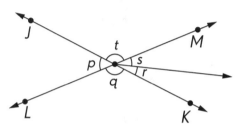

a. $m\angle p = m\angle r + m\angle s$ ☐

b. $m\angle s = m\angle p - m\angle r$ ☐

c. $m\angle q = 180° - m\angle p$ ☐

d. $m\angle r + m\angle s = m\angle p + m\angle q$ ☐

2. $\overleftrightarrow{AB}$, $\overleftrightarrow{CD}$ y $\overleftrightarrow{EF}$ se unen en O. Halla la suma de las medidas de los ángulos $\angle AOC$, $\angle FOD$ y $\angle BOE$.

$m\angle AOC + m\angle FOD + m\angle BOE =$ _____

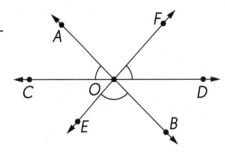

3. $ABCD$ es un cuadrado. $\overrightarrow{BE}$ es una semirrecta. Halla la medida del $\angle x$.

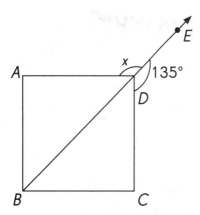

4. ¿Cuántos grados gira la manecilla de las horas del reloj entre las 3:00 p.m. y las 7:30 p.m.?

5. $\overleftrightarrow{AB}$ es una línea. Las medidas del $\angle a$ y el $\angle b$ son números enteros.

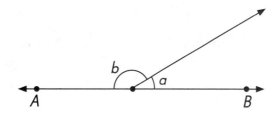

Si la medida del $\angle b$ es dos veces mayor que la medida del $\angle a$, halla las medidas del $\angle a$ y el $\angle b$.

Repaso acumulativo

de los Capítulos 11 y 12

Conceptos y destrezas

Traza un diagrama de puntos usando los datos de la tabla. Luego, responde las preguntas. *(Lección 11.1)*

La tabla muestra la capacidad de algunas botellas.

Capacidad de las botellas (L)	$\frac{1}{2}$	$\frac{5}{8}$	$\frac{3}{4}$	1
Número de botellas	2	4	2	3

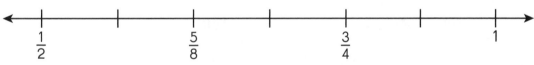

Capacidad de las botellas

1.   ¿Cuántas botellas hay en total? _____

2.   ¿Cuál es la diferencia en capacidad entre una botella de $\frac{3}{4}$ de litro y una botella de $\frac{5}{8}$ de litro? _____

3.   ¿Cuál es la capacidad total de todas las botellas? _____

Usa los datos de la siguiente gráfica para responder las preguntas. *(Lección 11.2)*

La gráfica de doble barra muestra la cantidad de vaqueros negros y vaqueros azules que produjo una fábrica durante tres días.

Producción de vaqueros en una fábrica

Clave
- Vaqueros azules
- Vaqueros negros

4. El día 2 se producen _____ más vaqueros azules que negros.

5. El día _____ y el día _____ se produce el mismo número de vaqueros negros.

6. El mayor número de vaqueros azules se producen el día _____.

7. El día 1, la diferencia entre el número de vaqueros azules y vaqueros negros que se producen es de _____.

8. El número total de vaqueros que se producen en los tres días es _____.

9. En el día 3, la razón del número de vaqueros negros que se producen con relación al número de vaqueros azules es _____.

10. Expresa en forma de fracción el número de vaqueros negros que se producen el día 1 con relación al número de vaqueros azules que se producen el mismo día. _____

11. Expresa el número total de vaqueros azules que se producen en forma de porcentaje con relación al número total de vaqueros que se producen durante los tres días. _____

Completa la gráfica con los datos de la tabla. *(Lección 11.3)*

Cuartos de leche	1	2	3	4
Tazas de leche	4	8	12	16

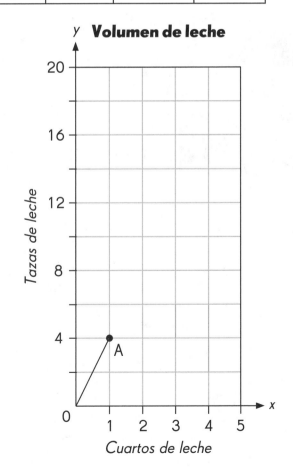

Volumen de leche

Usa la gráfica de la página 153 para responder las preguntas. *(Lección 11.3)*

12. ¿Cuáles son las coordenadas del punto *A*? _____

13. ¿Cuántos cuartos de leche hay en 12 tazas? _____

14. ¿Cuántas tazas de leche hay en $3\frac{1}{2}$ cuartos de leche? _____

15. ¿Cuántas tazas de leche hay en 5 cuartos de leche? _____

Completa. *(Lección 11.4)*

El automóvil de juguete de Pedro recorre 20 metros por minuto. El automóvil de juguete de Steve recorre 15 metros por minuto. Completa las dos tablas que muestran la distancia total que recorrieron los dos automóviles de juguete en 4 minutos.

16. Completa las tablas.

Automóvil de juguete de Pedro

Tiempo de recorrido (min)	0	1	2	3	4
Distancia total (m)	0	20			

Automóvil de juguete de Steve

Tiempo de recorrido (min)	0	1	2	3	4
Distancia total (m)	0	15			

17. Marca los puntos de cada gráfica en una cuadrícula de coordenadas.

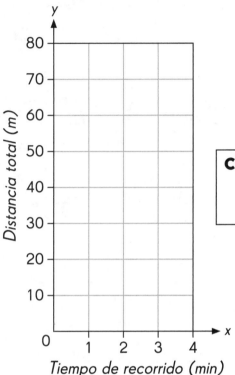

Distancia total recorrida por los automóviles de juguete de Pedro y Steve

Clave

Automóvil de juguete de Pedro

Automóvil de juguete de Steve

Usa las gráficas de arriba para responder las preguntas.

18. ¿Qué distancia recorre cada automóvil en 3 minutos?

19. ¿Cuánto se demora cada automóvil en recorrer 60 metros?

20. ¿Qué distancia recorre cada automóvil en 5 minutos?

Haz una lista organizada para hallar el número de combinaciones. *(Lección 11.5)*

La heladería de Beto vende helados de yogur con una cobertura. El cliente puede elegir uno de tres sabores: vainilla, fresa y arándano. El cliente también puede elegir una de tres coberturas: nueces, pasas y chispas.

21. Haz una lista de todas las combinaciones posibles de helado de yogur y cobertura.

Sabor del helado	Cobertura

22. Hay _____ combinaciones.

Halla el número de combinaciones. *(Lección 11.5)*

Brenda tiene 1 pulsera roja, 1 pulsera verde y 1 pulsera dorada. Ella tiene 4 pares de aretes: de tachuela, argollas, de botón y pendientes. Ella quiere hallar todas las combinaciones de pulsera y aretes que pueda ponerse.

23. Traza un diagrama de árbol para mostrar las combinaciones posibles.

24. Halla el número de combinaciones con la multiplicación.

Hay _____ combinaciones.

Completa. *(Lección 11.6)*

En una bolsa hay 5 cepillos de dientes verdes y 7 cepillos de dientes amarillos.
Tim y Cathy sacan cada uno un cepillo de dientes y después los regresan a la bolsa.
Cada uno hace esto 20 veces. La tabla muestra algunos de los resultados.

25.   Completa la tabla.

	Número de veces que sacaron un cepillo de dientes verde	Número de veces que sacaron un cepillo de dientes amarillo	Probabilidad de sacar un cepillo de dientes verde	Probabilidad de sacar un cepillo de dientes amarillo
Tim	12			
Cathy		9		

26.   La probabilidad teórica de sacar un cepillo de dientes amarillo es _____.

27.   La probabilidad experimental de sacar un cepillo de dientes verde

según los resultados de Tim es _____.

Halla la medida desconocida de los ángulos. *(Lección 12.1)*

28. $\overleftrightarrow{AB}$ es una línea.

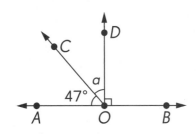

m∠a = _____

29. $\overleftrightarrow{AB}$ es una línea. Las medidas de
∠a, ∠b, y ∠c son iguales.

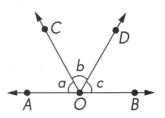

m∠a = m∠b = m∠c

= _____

Halla la medida desconocida de los ángulos. *(Lecciones 12.1 y 12.2)*

30. $\overleftrightarrow{AB}$ es una línea.

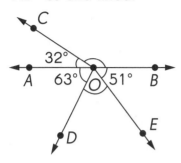

m∠BOC = _____

m∠DOE = _____

31. $\overleftrightarrow{AB}$ es una línea.

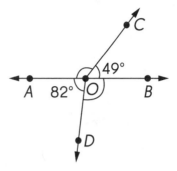

m∠AOC = _____

m∠DOB = _____

32.

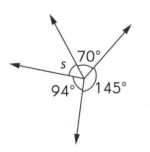

m∠s = _____

33.

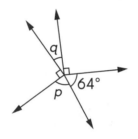

m∠p + m∠q = _____

34. $\overleftrightarrow{CD}$ es una línea.

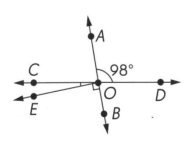

m∠COE = _____

35.

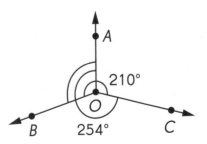

m∠AOB = _____

Halla la medida desconocida de los ángulos. *(Lección 12.3)*

$\overleftrightarrow{AB}$, $\overleftrightarrow{CD}$, y $\overleftrightarrow{EF}$ son líneas.

36.

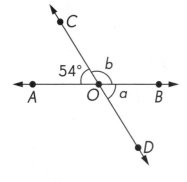

m∠a = _____

m∠b = _____

37.

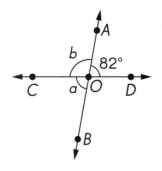

m∠a = _____

m∠b = _____

38.

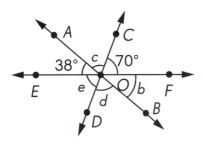

m∠b = _____

m∠c = _____

m∠d = _____

m∠e = _____

m∠b + m∠d + m∠e

= _____

39.

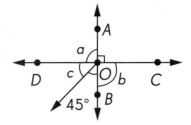

m∠a = _____

m∠b = _____

m∠c = _____

Resolución de problemas

Resuelve. Muestra el proceso.

La gráfica muestra una medida en yardas (eje de la *x*) y su correspondiente medida en pies (eje de la *y*).

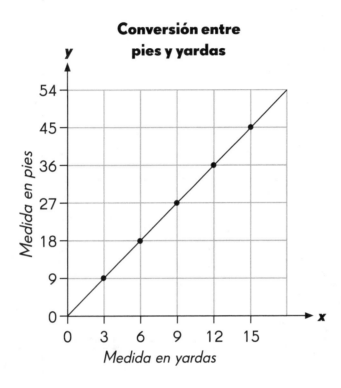

Conversión entre pies y yardas

40. El costo de 3 yardas de tela es $24. ¿Cuál es el costo de 36 pies de tela?

Resuelve. Muestra el proceso.

41. Se escribió cada letra de la palabra REVISTA en tarjetas separadas y estas se pusieron dentro de una bolsa. Primero, se saca una tarjeta. Luego, se colorea la tarjeta de azul o de amarillo.

   a. Traza un diagrama de árbol para mostrar las combinaciones posibles de tarjetas y colores.

   b. ¿Cuál es la probabilidad teórica de sacar una combinación con una vocal?

Capítulo

13 Propiedades de los triángulos y las figuras de cuatro lados

Práctica 1   Clasificar triángulos

**¿Qué triángulos son equiláteros, isósceles o escalenos?
Usa una regla en centímetros para saberlo.**

1.

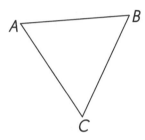

El triángulo *ABC* es un

triángulo _____.

2.

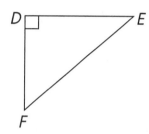

El triángulo *DEF* es un

triángulo _____.

3.

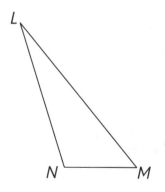

El triángulo *LMN* es un

triángulo _____.

4.

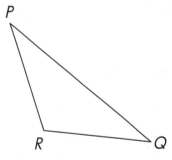

El triángulo *PQR* es un

triángulo _____.

¿Qué triángulos son rectángulos, obtusángulos o acutángulos?
Usa un transportador para saberlo.

5.

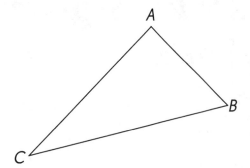

El triángulo *ABC* es un

triángulo _____ .

6.

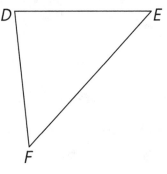

El triángulo *DEF* es un

triángulo _____ .

7.

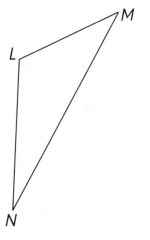

El triángulo *LMN* es un

triángulo _____ .

8.

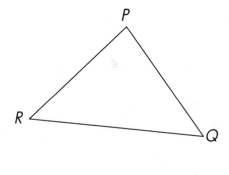

El triángulo *PQR* es un

triángulo _____ .

Práctica 2   Medidas de los ángulos de un triángulo

Completa.

1.

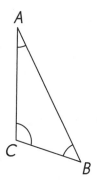

$$m\angle A + m\angle B + m\angle C = \underline{\hspace{3cm}}$$

2.

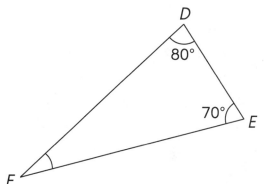

$$80° + 70° + m\angle F = \underline{\hspace{2.5cm}}$$

$$m\angle F = \underline{\hspace{2.5cm}}$$

Mide los ángulos del triángulo. Luego, completa los espacios en blanco.

3.

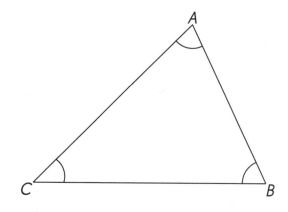

$$m\angle A = \underline{\hspace{2.5cm}}$$

$$m\angle B = \underline{\hspace{2.5cm}}$$

$$m\angle C = \underline{\hspace{2.5cm}}$$

$$m\angle A + m\angle B + m\angle C = \underline{\hspace{2cm}} + \underline{\hspace{2cm}} + \underline{\hspace{2cm}}$$

$$= \underline{\hspace{2.5cm}}$$

La suma de las medidas de los ángulos del triángulo es _____.

Estos triángulos no están trazados a escala. Halla la medida desconocida de los ángulos.

4. Halla la medida del ∠B.

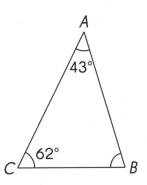

5. Halla la medida del ∠D.

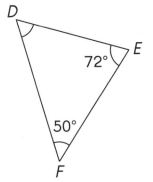

6. Halla la medida del ∠H.

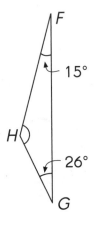

7. Halla la medida del ∠QPS.

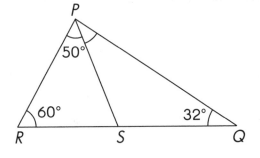

Práctica 3   Triángulos rectángulos, isósceles y equiláteros

Completa. *ABC* y *EFG* son triángulos rectángulos.

1.

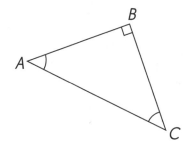

$m\angle B =$ _____

$m\angle A + m\angle C =$ _____ $-$ _____

$=$ _____

2.

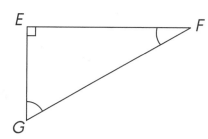

$m\angle E =$ _____

$m\angle F + m\angle G =$ _____

Mide los ángulos del triángulo. Luego, completa los espacios en blanco.

3.

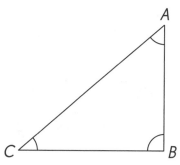

$m\angle A =$ _____

$m\angle B =$ _____

$m\angle C =$ _____

$m\angle A + m \angle C =$ _____

Estos triángulos no están trazados a escala. Identifica y sombrea los triángulos rectángulos.

4.

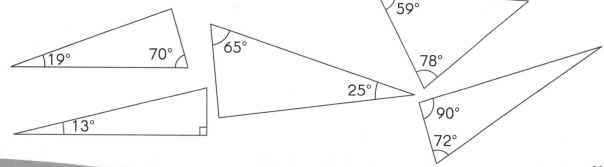

Estos triángulos no están trazados a escala. Halla las medidas desconocidas de los ángulos.

5. Halla el total de las medidas de los ∠A y ∠B.

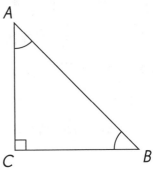

6. Halla la medida del ∠C.

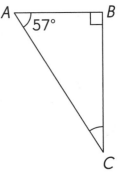

7. Halla las medidas de los ∠ADC y ∠ABC.

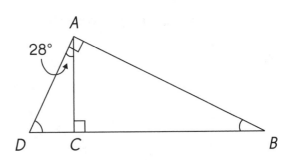

8. Halla las medidas de los ∠EGF y ∠DGE.

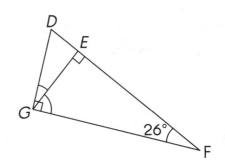

Completa. *XYZ* y *PQR* son triángulos isósceles.

9.

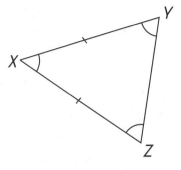

¿Cuáles dos lados tienen igual longitud?

_____

¿Cuáles dos ángulos tienen igual medida?

_____

10.

¿Cuáles dos lados tienen igual longitud?

_____

¿Cuáles dos ángulos tienen igual medida?

_____

Estos triángulos no están trazados a escala. Identifica y sombrea los triángulos isósceles.

11.

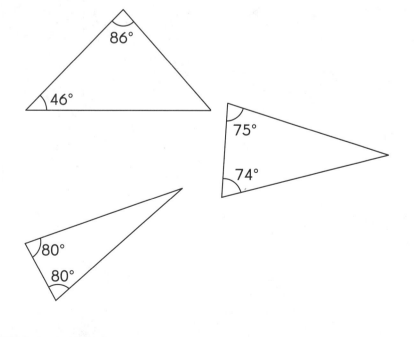
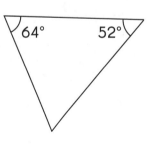
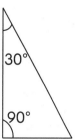

Estos triángulos no están trazados a escala. Halla las medidas desconocidas de los ángulos.

12.   Halla la medida del ∠F.

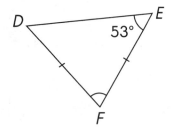

13.   Halla la medida del ∠C.

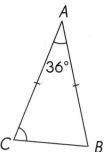

14.   Halla la medida del ∠TRS.

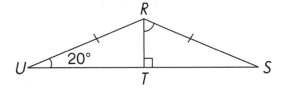

15.   Halla la medida del ∠d.

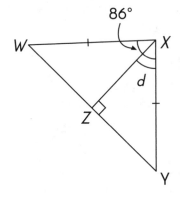

Completa. Usa un transportador y una regla en centímetros para medir los lados y los ángulos. ¿Qué figura es un triángulo equilátero? Marca la casilla.

16.

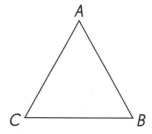

$AB =$ _____ cm

$BC =$ _____ cm

$AC =$ _____ cm

$m\angle A =$ _____

$m\angle B =$ _____

$m\angle C =$ _____ ⬭

17.

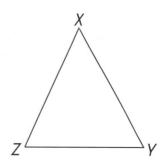

$XY =$ _____ cm

$YZ =$ _____ cm

$XZ =$ _____ cm

$m\angle X =$ _____

$m\angle Y =$ _____

$m\angle Z =$ _____ ⬭

Completa. *ABC* es un triángulo equilátero.

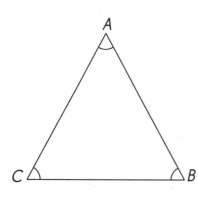

18. ¿Qué ángulos tienen medidas iguales a la medida del $\angle A$?

_____

19. ¿Qué lados tienen longitudes iguales a la longitud del $\overline{AB}$?

_____

20. ¿Qué puedes decir sobre los ángulos del triángulo *ABC*?

_____

Estos triángulos no están trazados a escala. Identifica y sombrea los triángulos equiláteros.

21.

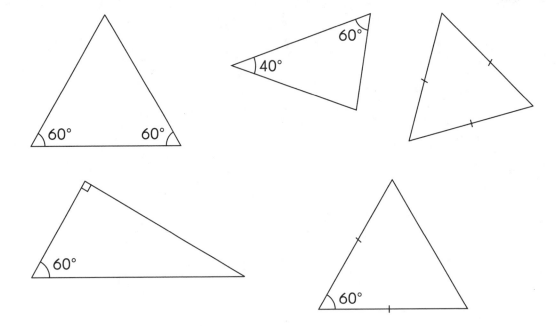

Estos triángulos no están trazados a escala. Halla las medidas desconocidas de los ángulos.

22. Halla la medida del ∠Q.

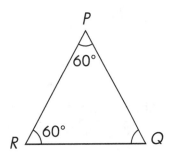

23. Halla las medidas de los ∠Y y ∠Z.

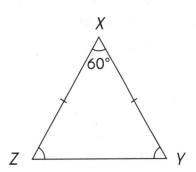

Estos triángulos no están trazados a escala. Halla las medidas desconocidas de los ángulos.

24. $WX = XY = YW$. Halla la medida del $\angle d$.

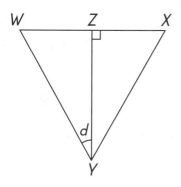

25. Halla la medida del $\angle e$.

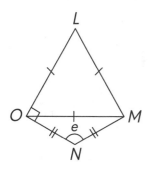

26. El triángulo *PQR* es un triángulo equilátero. El triángulo *PST* es un triángulo isósceles. Las medidas de los $\angle a$, $\angle b$ y $\angle c$ son iguales. Halla la medida del $\angle d$.

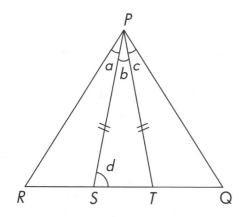

Diario de matemáticas

1. Una maestra les pidió a sus estudiantes que trazaran un triángulo y rotularan sus ángulos. Estas son las medidas de los ángulos que los tres estudiantes decidieron trazar.

Wayne: 120°, 80°, 10°   Alicia: 70°, 28°, 72°   Frank: 51°, 37°, 92°

¿Podrá trazar su triángulo cada estudiante? Explica tu respuesta.

Wayne: _____

Alicia: _____

Frank: _____

2. ¿Cuáles son dos maneras de identificar un triángulo isósceles?

3. Julián está midiendo los ángulos de un triángulo.
Él halla que m∠A = m∠B = 60°.
Sin medir el ∠C, él dice que el triángulo
ABC es un triángulo equilátero.

¿Tiene razón? Explica por qué.

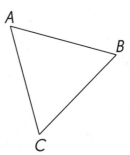

Práctica 4   Desigualdades de los triángulos

Completa. Mide los lados del triángulo y redondea a la media pulgada más cercana. Luego, completa los espacios en blanco.

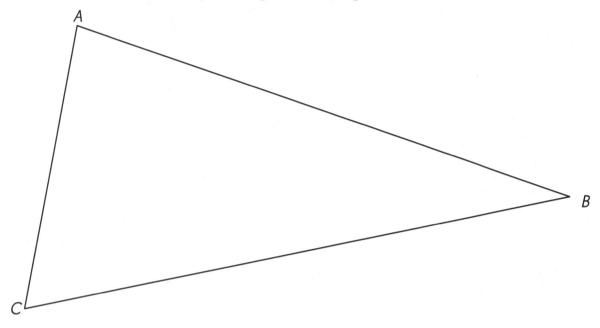

1. $AB =$ _____ pulg

2. $BC =$ _____ pulg

3. $AC =$ _____ pulg

4. $AB + BC =$ _____ pulg

5. $BC + AC =$ _____ pulg

6. $AB + AC =$ _____ pulg

Usa tus respuestas a los ejercicios 4 a 6. Completa los espacios en blanco con *Sí* o *No*.

7.   ¿Es $AB + BC > AC$? _____

8.   ¿Es $BC + AC > AB$? _____

9.   ¿Es $AB + AC > BC$? _____

Completa. Mide los lados del triángulo y redondea al centímetro más cercano. Luego, completa los espacios en blanco.

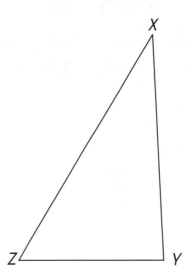

10. $XY =$ _____ cm

11. $YZ =$ _____ cm

12. $XZ =$ _____ cm

13. $XY + YZ =$ _____ cm

14. $YZ + XZ =$ _____ cm

15. $XY + XZ =$ _____ cm

Usa tus respuestas a los ejercicios 10 a 15. Escribe los lados del triángulo para hacer verdaderas las desigualdades.

16. $XY + YZ >$ _____

17. $YZ + XZ >$ _____

18. $XY + XZ >$ _____

Muestra si es posible formar triángulos con estas longitudes.

19.   6 pulg, 8 pulg, 12 pulg

20.   9 pulg, 13 pulg, 3 pulg

21.   2 cm, 4 cm, 7 cm

Se dan las longitudes de dos lados de cada triángulo. Indica una longitud posible para el tercer lado. Las longitudes están dadas en centímetros enteros o en pulgadas enteras.

22.

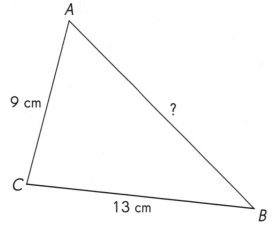

AB es mayor que 10 centímetros. Una longitud posible para el $\overline{AB}$ es

_____ centímetros.

23.

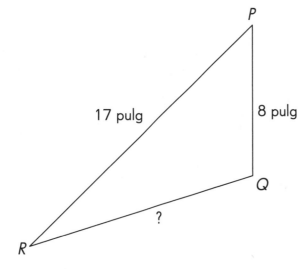

QR es mayor que 9 pulgadas. Una longitud posible para el $\overline{QR}$ es

_____ pulgadas.

Resuelve.

24. En el triángulo EFG, EF = 21 centímetros, FG = 11 centímetros. La longitud del $\overline{EG}$ está dada en centímetros enteros y es mayor que 25 centímetros. ¿Cuál es una longitud posible del $\overline{EG}$?

Práctica 5   Paralelogramos, rombos y trapecios

Completa. La figura *ABCD* es un paralelogramo. Mide los lados y los ángulos de la figura.

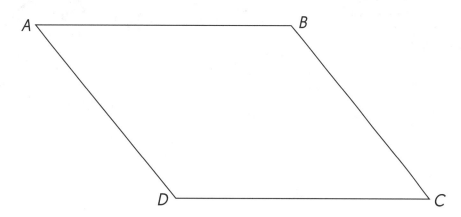

1. $AD =$ _____ cm

2. $AB =$ _____ cm

3. $BC =$ _____ cm

4. $DC =$ _____ cm

5. $m\angle A =$ _____

6. $m\angle B =$ _____

7. $m\angle C =$ _____

8. $m\angle D =$ _____

9.   Nombra los lados paralelos de la figura. _____

10.   Nombra los ángulos opuestos que son iguales. _____

Este paralelogramo no está trazado a escala. Completa los espacios en blanco.

11. $m\angle Q = m\angle$_____

   $=$ _____

12. $m\angle P = 180° -$ _____

   $=$ _____

13. $m\angle R = m\angle$_____

   $=$ _____

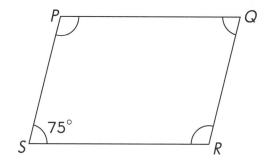

Estos paralelogramos no están trazados a escala.
Halla las medidas desconocidas de los ángulos.

14.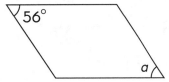

15.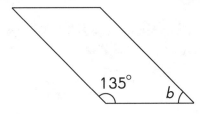

16.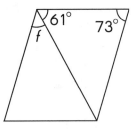

17.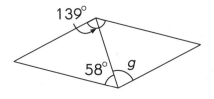

18.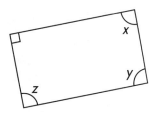

19.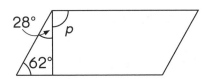

Completa. Escribe el nombre de otro lado o ángulo de cada rombo.

20. $AB = BC$

= _____ = _____

21. $m\angle B = m\angle$ _____

22. $m\angle A = m\angle$ _____

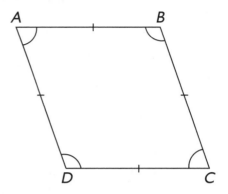

23. $UV =$ _____

= _____ = _____

24. $m\angle S = m\angle$ _____

25. $m\angle T = m\angle$ _____

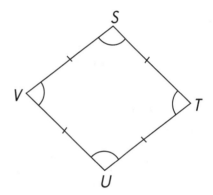

Este rombo no está trazado a escala. Completa los espacios en blanco.

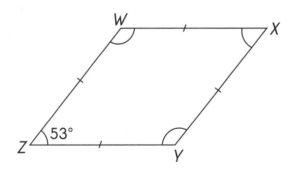

26. $m\angle X = m\angle$ _____ = _____

27. $m\angle W =$ _____ − _____ = _____

28. $m\angle Y = m\angle$ _____ = _____

Estos rombos no están trazados a escala.
Halla las medidas desconocidas de los ángulos.

29.

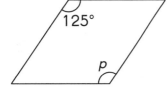

125°

p

30.

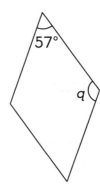

57°

q

31.

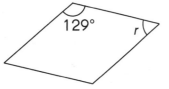

129°

r

32.

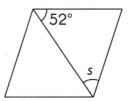

52°

s

33.

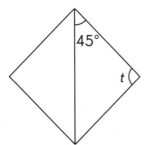

45°

t

34.

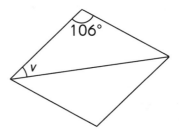

106°

v

Nombre: _____ Fecha: _____

Mide los ángulos desconocidos. Luego, completa los espacios en blanco.

ABCD es un trapecio en el que $\overline{AB} \parallel \overline{DC}$.

35. m∠A = _____

36. m∠B = _____

37. m∠C = _____

38. m∠D = _____

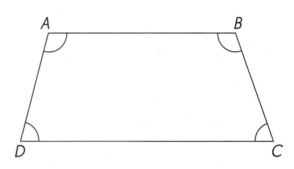

39. m∠A + m∠D = m∠ _____ + m∠ _____ = _____

Estos trapecios no están trazados a escala.
Halla las medidas desconocidas de los ángulos.

40. $\overline{AB} \parallel \overline{DC}$

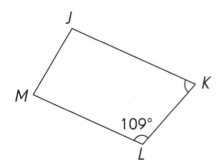

41. $\overline{EH} \parallel \overline{FG}$

42. $\overline{JK} \parallel \overline{ML}$

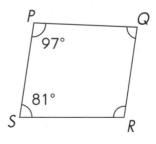

43. $\overline{PS} \parallel \overline{QR}$

Estos trapecios no están trazados a escala.
Halla las medidas desconocidas de los ángulos.

44. $\overline{TU} \parallel \overline{WV}$

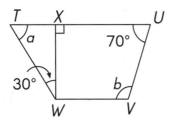

45. $\overline{VW} \parallel \overline{YX}$

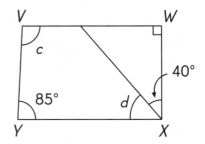

46. $\overline{AB} \parallel \overline{DC}$

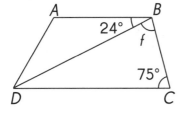

47. $\overline{EH} \parallel \overline{FG}$

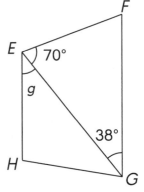

¡Ponte la gorra de pensar!

Práctica avanzada

Esta figura es un rombo y $\angle ADO = \angle CDO$. Halla la medida del $\angle DOC$.

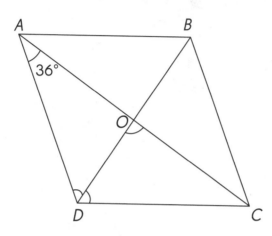

¡Ponte la gorra de pensar!

Resolución de problemas

1. *ABCD* es un trapecio en el que $\overline{AD} \parallel \overline{BC}$. Halla la medida del $\angle CED$.

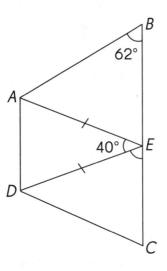

2. *ABCD* es un paralelogramo y *CDEF* es un rombo. Halla la medida del $\angle ADE$.

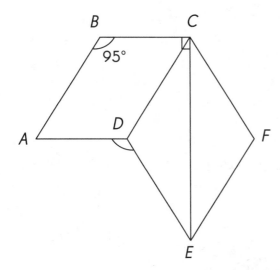

Capítulo 14 Área total y volumen

Práctica 1 Formar cuerpos geométricos usando cubos de una unidad

Halla el número de cubos de una unidad usados para formar cada cuerpo geométrico.

1.

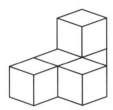

_____5_____ cubos de una unidad

2.

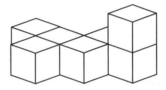

_____7_____ cubos de una unidad

3.

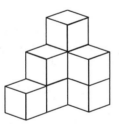

_____8_____ cubos de una unidad

4.

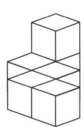

_____6_____ cubos de una unidad

5.

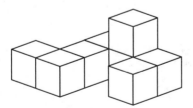

_____8_____ cubos de una unidad

6.

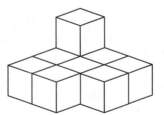

_____9_____ cubos de una unidad

Halla el número de cubos de una unidad usados para formar cada cuerpo geométrico.

7.

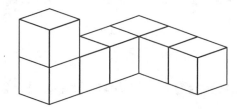

_____7_____ cubos de una unidad

8.

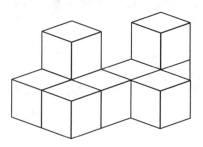

_____9_____ cubos de una unidad

9.

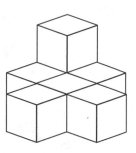

_____7_____ cubos de una unidad

10.

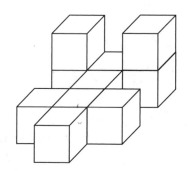

_____10_____ cubos de una unidad

11.

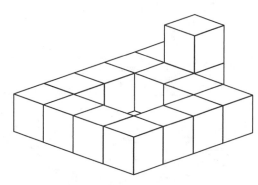

_____15_____ cubos de una unidad

Práctica 2   Trazar cubos y prismas rectangulares

Traza en papel punteado.

1.   Traza un cubo de una unidad.

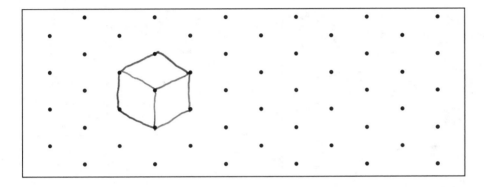

2.   Traza dos vistas diferentes de un prisma rectangular formado por 2 cubos de una unidad.

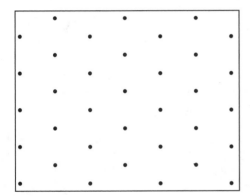   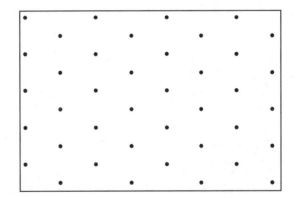

3.   Traza dos cuerpos geométricos, cada uno formado por tres cubos de una unidad.

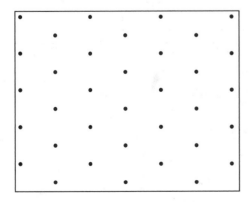   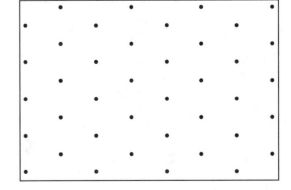

Traza cada cubo o prisma rectangular en el papel punteado.

Ejemplo

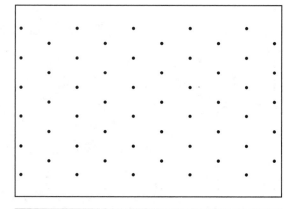

4.

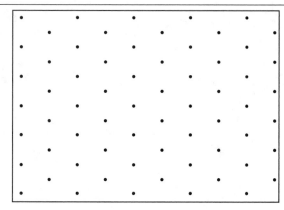

5.

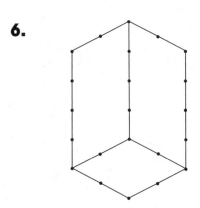

Traza cada cubo o prisma rectangular en el papel punteado.

7.

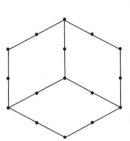

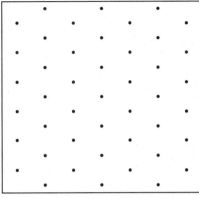

8.

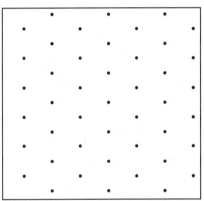

Traza un cubo con aristas 4 veces más largas que las aristas de este cubo de una unidad.

9.

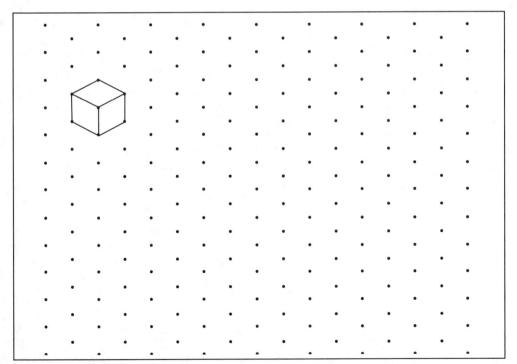

Completa el trazado de cada cubo o prisma rectangular.

10.

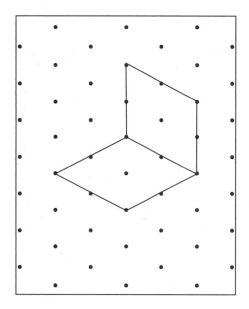

11.

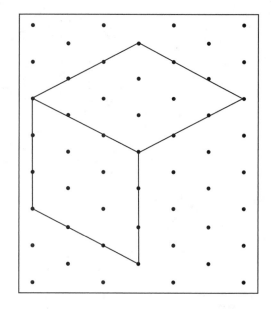

12.

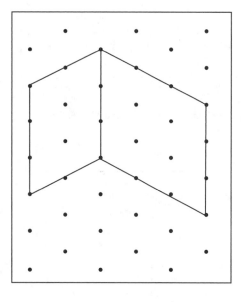

13.

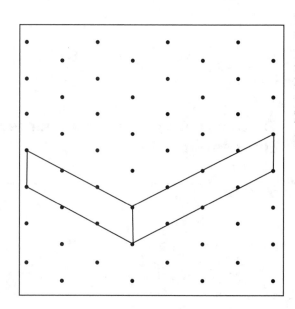

Práctica 3   Prismas y pirámides

Identifica el tipo de prisma y las formas de las caras.

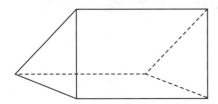

1.   Este es un prisma _____.

2.   Dos de sus caras son _____.

3.   Tres de sus caras son _____.

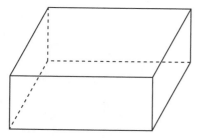

4.   Este es un prisma _____.

5.   Todas sus caras son _____.

Completa la tabla.

Tipo de prisma	Número de caras	Número de aristas	Número de vértices
6.			
7.			
8.			

Identifica el tipo de pirámide y la forma de sus caras.

9.   Esta es una pirámide _____.

10.   Todas sus caras son _____.

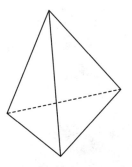

Identifica el tipo de pirámide y la forma de sus caras.

11.   Esta es una pirámide _____.

12.   Una de sus caras es _____.

13.   Cuatro de sus caras son _____.

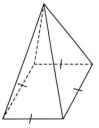

Completa la tabla.

Tipo de pirámide	Número de caras	Número de aristas	Número de vértices
14.			
15.			

Nombra el cuerpo geométrico que se forma con cada plantilla.

16.

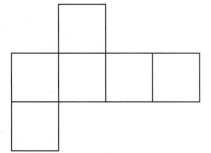

_____

17.

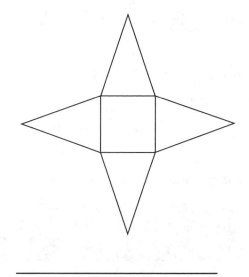

_____

18.

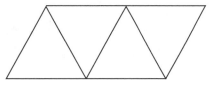

_____

19.

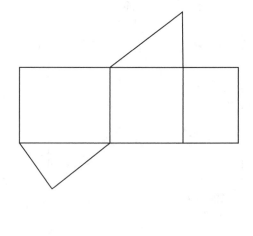

_____

20.

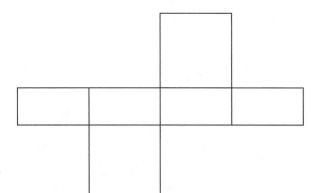

_____

Práctica 4   Plantillas y área total

Halla el área total de cada cubo.

Ejemplo

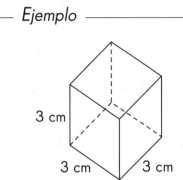

3 cm

3 cm   3 cm

$3 \times 3 = 9$
$6 \times 9 = 54$
Área total
del cubo = 54 cm²

1.

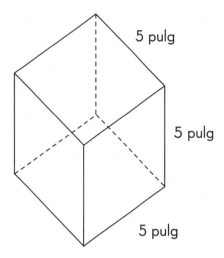

5 pulg

5 pulg

5 pulg

2.

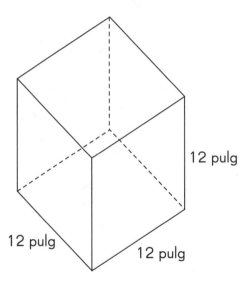

12 pulg

12 pulg   12 pulg

3.

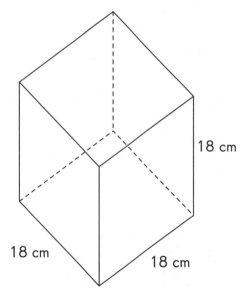

18 cm

18 cm   18 cm

Halla el área total de cada prisma rectangular.

Ejemplo

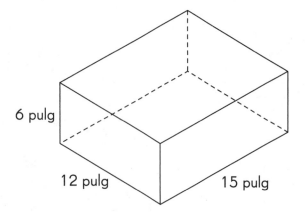

22 pulg

8 pulg   4 pulg

$2 \times 8 \times 4 = 64$
$2 \times 22 \times 4 = 176$
$2 \times 22 \times 8 = 352$
$64 + 176 + 352 = 592$
Área total del prisma rectangular = 592 pulg^2

4.

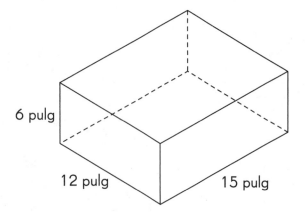

6 pulg

12 pulg   15 pulg

5.

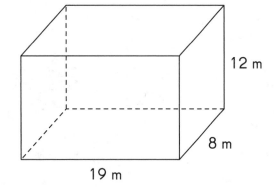

12 m

8 m

19 m

Halla el área total de cada prisma triangular.

Ejemplo

3 pulg
4 pulg
18 pulg
5 pulg

$2 \times \dfrac{1}{2} \times 3 \times 4 = 12$

$4 \times 18 = 72$

$3 \times 18 = 54$

$5 \times 18 = 90$

$12 + 72 + 54 + 90 = 228$

Área total del prisma triangular
$= 228 \ \text{pulg}^2$

6.

13 cm
24 cm
35 cm
5 cm

Resuelve. Muestra el proceso.

7. Jeffrey recorta la plantilla de una caja que quiere hacer.
Halla el área total de la caja.

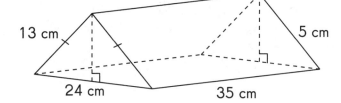

8 pulg

15 pulg

8 pulg

8 pulg

10 pulg

Resuelve. Muestra el proceso.

8. Este acuario de vidrio no tiene cubierta. Halla el área total de los paneles de vidrio usados para fabricar el acuario.

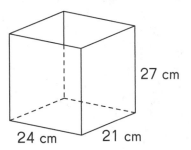

27 cm

24 cm   21 cm

9. El tanque que se muestra está hecho de acero. No tiene cubierta. Halla el área de las hojas de acero usadas para fabricar el tanque.

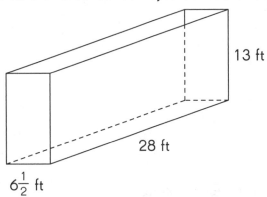

13 ft

28 ft

$6\frac{1}{2}$ ft

10. Un trozo rectangular de cartulina gruesa mide 60 centímetros por 80 centímetros. Linn dibuja la plantilla de una caja en la cartulina y la recorta. Si la caja mide 10 centímetros por 16 centímetros por 27 centímetros, ¿cuál es el área de la cartulina que queda?

© Marshall Cavendish Education Pte Ltd

Práctica 5   Comprender y medir el volumen

Estos cuerpos geométricos se forman apilando cubos de una unidad en la esquina de una habitación. Halla el volumen de cada cuerpo geométrico.

1.

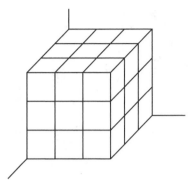

Volumen = _____ unidades cúbicas

2.

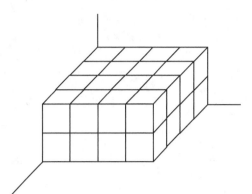

Volumen = _____ unidades cúbicas

3.

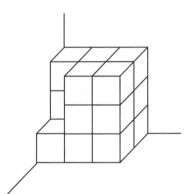

Volumen = _____ unidades cúbicas

4.

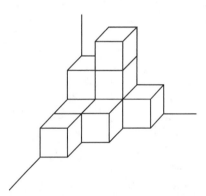

Volumen = _____ unidades cúbicas

Estos cuerpos geométricos se forman apilando cubos de 1 centímetro en la esquina de una habitación. Halla el volumen de cada cuerpo geométrico.

5.

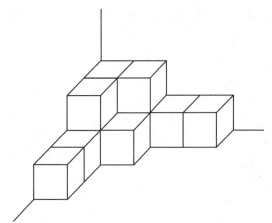

Volumen = _____ cm³

6.

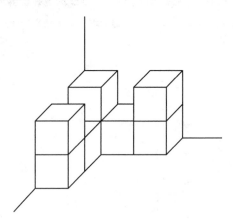

Volumen = _____ cm³

7.

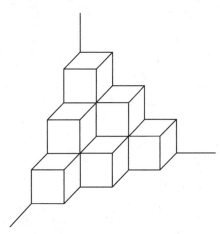

Volumen = _____ cm³

8.

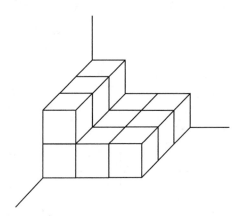

Volumen = _____ cm³

9.

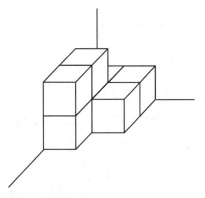

Volumen = _____ cm³

10.

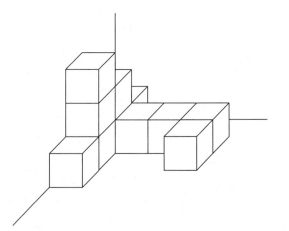

Volumen = _____ cm³

Estos cuerpos geométricos se forman usando cubos de 1 centímetro.
Halla el volumen de cada cuerpo geométrico. Luego, compara sus
volúmenes y completa los espacios en blanco.

11.

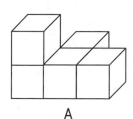

A

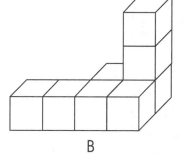

B

Volumen = _____ cm³   Volumen = _____ cm³

El cuerpo geométrico _____ tiene mayor volumen que el cuerpo

geométrico _____ .

Estos cuerpos geométricos se forman usando cubos de 1 metro.
Halla el volumen de cada cuerpo geométrico. Luego, compara sus
volúmenes y completa los espacios en blanco.

12.

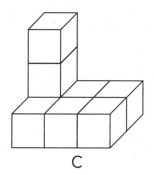

C

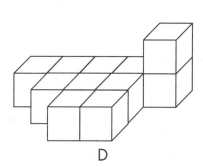

D

Volumen = _____ m³   Volumen = _____ m³

El cuerpo geométrico _____ tiene menor volumen que el cuerpo

geométrico _____ .

Estos cuerpos geométricos se forman usando cubos de 1 pulgada. Halla el volumen de cada cuerpo geométrico. Luego, compara sus volúmenes y completa los espacios en blanco.

13.

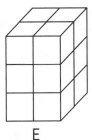

E

Longitud = _____ pulg

Ancho   = _____ pulg

Altura   = _____ pulg

Volumen = _____ pulg³

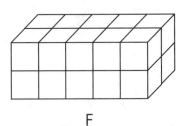

F

Longitud = _____ pulg

Ancho   = _____ pulg

Altura   = _____ pulg

Volumen = _____ pulg³

El cuerpo geométrico _____ tiene menor volumen que el cuerpo

geométrico _____ .

Estos cuerpos geométricos se forman usando cubos de 1 pie. Halla el volumen de cada cuerpo geométrico. Luego, compara sus volúmenes y completa los espacios en blanco.

14.

G

Longitud = _____ ft

Ancho   = _____ ft

Altura   = _____ ft

Volumen = _____ ft³

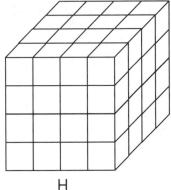

H

Longitud = _____ ft

Ancho   = _____ ft

Altura   = _____ ft

Volumen = _____ ft³

El cuerpo geométrico _____ tiene mayor volumen que el cuerpo

geométrico _____ .

Práctica 6   Volumen de un prisma rectangular y de un líquido

Escribe la longitud, el ancho y la altura de cada prisma rectangular o cubo.

Ejemplo

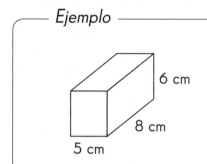

Longitud = _____8_____ cm

Ancho   = _____5_____ cm

Altura   = _____6_____ cm

1.

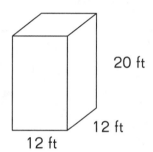

20 ft

12 ft

12 ft

Longitud = _____ ft

Ancho   = _____ ft

Altura   = _____ ft

2.

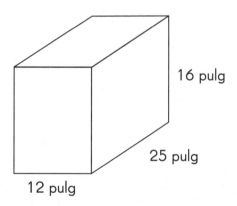

16 pulg

25 pulg

12 pulg

Longitud = _____ pulg

Ancho   = _____ pulg

Altura   = _____ pulg

3.

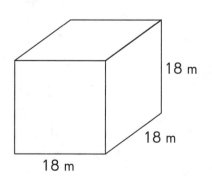

18 m

18 m

18 m

Longitud = _____ m

Ancho   = _____ m

Altura   = _____ m

Halla el volumen de cada prisma rectangular.

4.

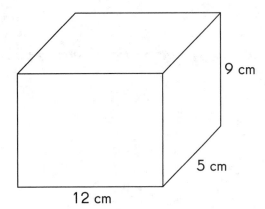

La longitud del prisma rectangular es de _____ centímetros.

El ancho del prisma rectangular es de _____ centímetros.

La altura del prisma rectangular es de _____ centímetros.

Volumen del prisma rectangular = longitud × ancho × altura

= _____ × _____ × _____

= _____ cm^3

5.

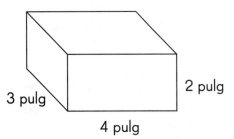

Volumen = _____

6.

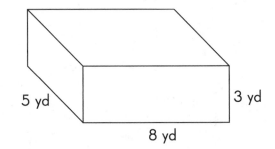

Volumen = _____

Halla el volumen de cada prisma rectangular o cubo.

7.

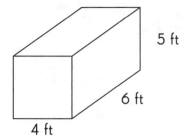

Volumen = _____

8.

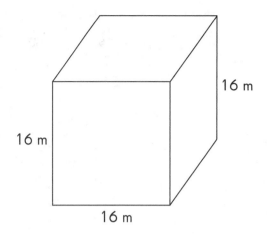

Volumen = _____

9.

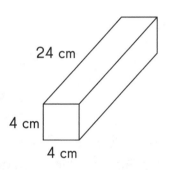

Volumen = _____

10.

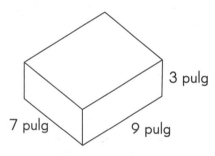

Volumen = _____

11.

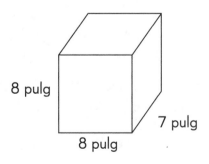

Volumen = _____

12.

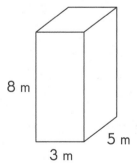

Volumen = _____

© Marshall Cavendish Education Pte Ltd

Halla el volumen de cada prisma rectangular.

	Longitud	Ancho	Altura	Volumen
13.	5 cm	12 cm	9 cm	
14.	10 pulg	25 pulg	14 pulg	
15.	7 m	12 m	8 m	
16.	24 ft	10 ft	15 ft	

Resuelve. Muestra el proceso.

17. Halla el volumen de un cubo con aristas que miden 9 centímetros.

18. Un prisma rectangular tiene una longitud de 8 pies y una altura de 5 pies. Su longitud es el doble de su ancho. Halla el volumen del prisma rectangular.

19. La base de un prisma rectangular es un cuadrado en el que cada lado mide 9 pulgadas. La altura del prisma rectangular es de 11 pulgadas. Halla su volumen.

© Marshall Cavendish Education Pte Ltd

Halla el volumen de cada prisma rectangular.

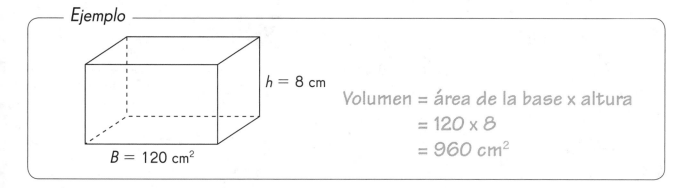

Ejemplo

$h = 8$ cm

$B = 120$ cm^2

Volumen = área de la base x altura
= 120 x 8
= 960 cm^2

20.

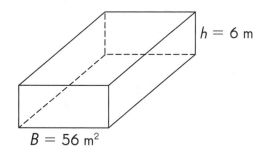

$h = 6$ m

$B = 56$ m^2

21.

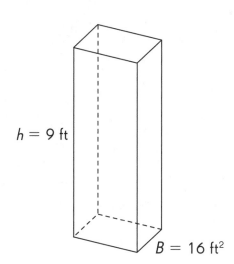

$h = 9$ ft

$B = 16$ ft^2

22.

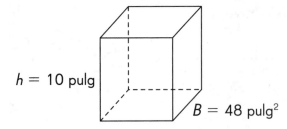

$h = 10$ pulg

$B = 48$ pulg^2

23.

$h = 5$ cm

$B = 57$ m^2

Resuelve. Muestra el proceso.

24. Una caja rectangular tiene un altura de 15 metros. El área de su base es 210 metros cuadrados. Halla el volumen de la caja.

25. Geraldo tiene un recipiente rectangular de 6 pies de altura y el área de su base de 72 pies cuadrados. ¿Cuánta agua se necesita para llenar el recipiente hasta el borde?

Práctica 7   Volumen de un prisma rectangular y de un líquido

Escribe cada medida en mililitros.

1.   690 cm³ = _690 mL_

2.   207 cm³ = _207 mL_

3.   2,000 cm³ = _2,000 mL_

4.   4,600 cm³ = _4,600 mL_

Escribe cada medida en centímetros cúbicos.

5.	420 mL = _42 cm³_	**L**
7.	3 L = _3,000 cm³_	**T**
9	2 L 125 mL = _2,125 cm³_ 2000 cm	**E**
11.	10 L 50 mL = _10,050 cm³_ 10000	**Y**

6.	568 mL = _568 cm³_	**O**
8.	15 L = _150 cm³_	**S**
10.	5 L 60 mL = _5,060 cm³_ 5000	**W**
12.	7 L 2 mL = _7,002 cm³_ 7000	**N**

¿Sabes cuál es el parque nacional más antiguo de Estados Unidos? Para saberlo, empareja las letras con las respuestas.

Parque Nacional de

Y   E   L   L   O   W   S   T   O   N   E

10,050 2,125 420 420 568 5,060 15,000 3,000 568 7,002 2,125

Escribe cada medida en litros y en mililitros.

13.   720 cm³ = _720 mL_

14.   7,000 cm³ = _7 L_

15.   2,050 cm³ = _2 L 50 mL_

16.   1,470 cm³ = _1 L 470 mL_

17.   9,801 cm³ = _9 L 801 mL_

18.   4,003 cm³ = _4 L 3 mL_

19.   10,600 cm³ = _10 L 600 mL_

20.   1,075 cm³ = _1 L 75 mL_

**Halla el volumen de agua en cada tanque rectangular en mililitros.
(Pista: 1 cm³ = 1 mL)**

21.

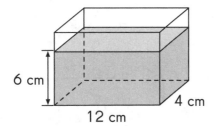

Volumen = _____

22.

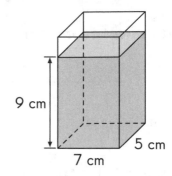

Volumen = _____

**Halla el volumen de agua en cada tanque rectangular en litros y en mililitros.
(Pista: 1,000 cm³ = 1 L)**

23.

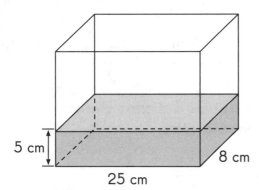

$.5 \times 8 = 4.0$

$5 \times 25 = 12.5 + 4.0 = 16.5$

Volumen = <u>16.5cm = 16.5mL</u>

24.

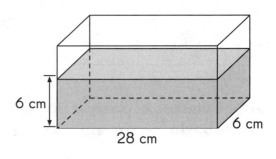

Volumen = _____

25.

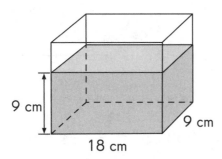

Volumen = _____

26.

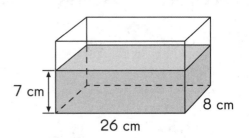

Volumen = _____

Resuelve. Muestra el proceso.

27. ¿Cuánta agua hay en este tanque cuando está $\frac{1}{3}$ lleno?

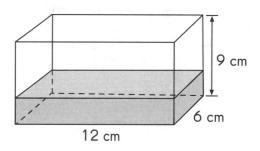

28. Este tanque rectangular está lleno con agua hasta una altura de 4 centímetros. ¿Cuanta más agua se necesita para llenar el tanque por completo?

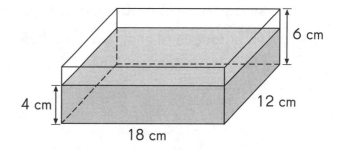

© Marshall Cavendish Education Pte Ltd

Resuelve. Muestra el proceso.

29. Un tanque cúbico con una arista de 20 centímetros de longitud se llena con 3.75 litros de agua. ¿Cuánta más agua se necesita para llenar el tanque por completo? Da tu respuesta en litros.

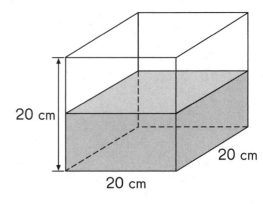

30. El tanque rectangular que se muestra está $\frac{1}{4}$ lleno con agua. Luego, se agrega 1 litro 400 mililitros más de agua. Halla el volumen de agua en el tanque al final. Da tu respuesta en litros y mililitros.

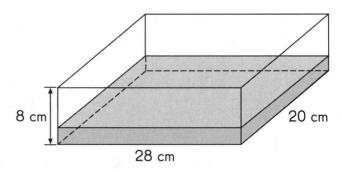

Resuelve. Muestra el proceso.

31. Este recipiente está lleno hasta la mitad con aceite. ¿Cuál es el volumen de aceite en el recipiente? Da tu respuesta en litros y en mililitros.

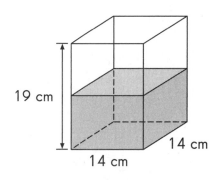

32. Un tanque cúbico con aristas que miden 12 centímetros cada una se llena con agua hasta la mitad. El agua se vierte en un tanque rectangular vacío que mide 10 centímetros por 8 centímetros por 7 centímetros hasta llenarlo. ¿Cuánta agua queda en el tanque cúbico? Da tu respuesta en mililitros.

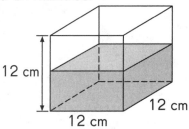

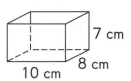

Resuelve. Muestra el proceso.

33. La piscina rectangular que se muestra contiene 600 metros cúbicos de agua. ¿Cuánta más agua debe agregarse para que el nivel quede a 1 metro del borde superior?

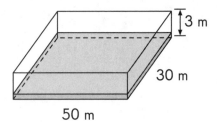

34. El tanque rectangular que se muestra se llena con agua por completo. ¿Cuánta agua debe sacarse para que la altura del nivel de agua sea de 10 centímetros? Da tu respuesta en mililitros.

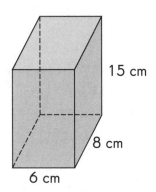

Resuelve. Muestra el proceso.

35. El tanque rectangular grande que se muestra está $\frac{4}{5}$ lleno con agua. El agua se vierte después en el recipiente rectangular más pequeño hasta llenarlo. ¿Cuánta agua queda en el tanque? Da tu respuesta en litros y en mililitros.

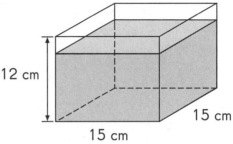

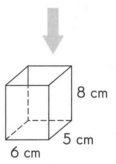

36. El agua cae en este tanque a una velocidad de 8 litros por minuto.
¿Cuánto tardará en llenarse el tanque?

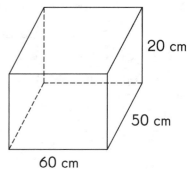

20 cm

50 cm

60 cm

Práctica 8   Volumen de cuerpos geométricos compuestos

Halla el volumen de cada cuerpo geométrico.

Ejemplo

6 cm

A

5 cm

B

6 cm

4 cm

2 cm

Volumen del prisma A = 6 × 5 × 4

= 120 cm³

Volumen del prisma B = 6 × 4 × 2

= 48 cm³

Volumen del cuerpo geométrico

= 120 + 48

= 168 cm³

1.

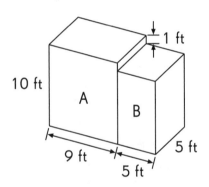

1 ft

10 ft

A   B

9 ft

5 ft

5 ft

Volumen del prisma A =

Volumen del prisma B =

Volumen del cuerpo geométrico = _____ + _____

= _____ ft³

2.

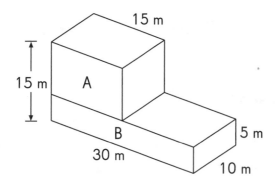

15 m

15 m

A

B

30 m

5 m

10 m

Volumen del prisma A =

Volumen del prisma B =

Volumen del cuerpo geométrico = _____ + _____

= _____ m³

Resuelve. Muestra el proceso.

3.

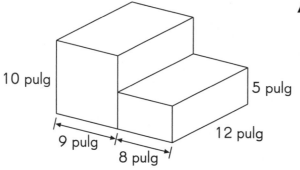

10 pulg

5 pulg

9 pulg

8 pulg

12 pulg

Volumen = _____

4.

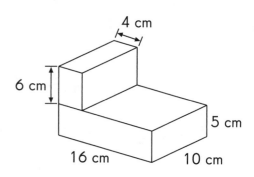

4 cm

6 cm

5 cm

16 cm

10 cm

Volumen = _____

5. Una bloque rectangular de madera se corta en dos pedazos, como se muestra aquí. ¿Cuál es el volumen total del bloque de madera?

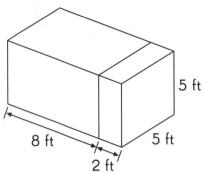

Resuelve. Muestra el proceso.

6.   Una repisa está formada por dos pedazos rectangulares de metal. ¿Cuál es el volumen total de metal en la repisa?

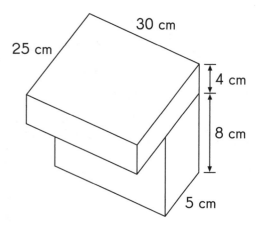

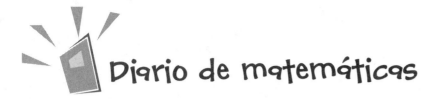

Diario de matemáticas

Este recipiente rectangular está $\frac{2}{5}$ lleno con agua.
¿Cuánta más agua se necesita para aumentar
la altura del nivel de agua a 3 centímetros?

Muestra dos métodos para resolver este problema.
¿Qué método prefieres? ¿Por qué?

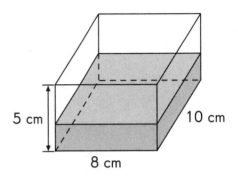

5 cm   10 cm

8 cm

¡Ponte la gorra de pensar!

 Práctica avanzada

Halla el número de cubos en cada prisma.

1.

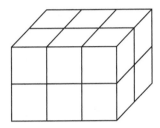

_____ cubos

2.

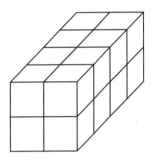

_____ cubos

Cada cuerpo geométrico está cortado verticalmente por la línea ilustrada. Traza una línea adicional para completar las dos figuras. Luego, identifica los cuerpos geométricos resultantes.

3.

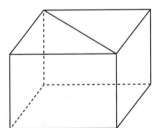

_____

4.

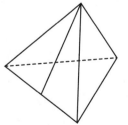

_____

5. Un tanque rectangular está lleno hasta la mitad de agua. Se necesitan otros 650 centímetros cúbicos de agua para que el tanque quede lleno hasta $\frac{3}{5}$ de su capacidad. ¿Cuánta agua habrá en el tanque cuando alcance $\frac{3}{5}$ de su capacidad?

6. Un cubo tiene un área total de 216 centímetros cuadrados. Un segundo cubo tiene aristas que miden 3 veces esa longitud. ¿Cuánto mayor es el área total del segundo cubo?

¡Ponte la gorra de pensar!

Resolución de problemas

Puedes trazar, recortar y doblar las plantillas.

¿Cuáles de las siguientes plantillas corresponden a cubos? Marca las casillas.

1.

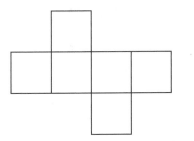

2.

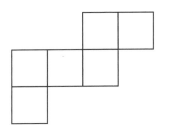

3.

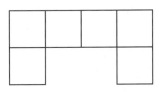

4.

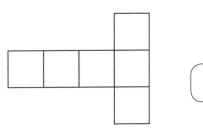

5.

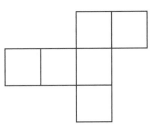

6.

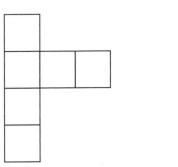

7.

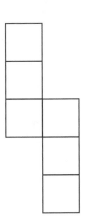

8.

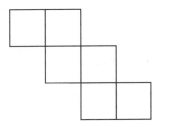

9. A Un prisma tiene una base cuadrada con aristas que miden 5 centímetros cada una. La razón de la altura al ancho es 4 : 1. Halla el volumen del prisma rectangular en centímetros cúbicos.

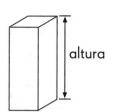

altura

Repaso acumulativo

de los Capítulos 13 y 14

Conceptos y destrezas

Halla las medidas de los ángulos desconocidos. Luego, clasifica el triángulo ABC como acutángulo, obtusángulo o rectángulo. *(Lecciones 13.1 a 13.3)*

1.

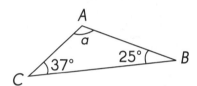

m∠a = _____

triángulo _____

2.

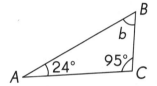

m∠b = _____

triángulo _____

3.

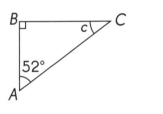

m∠c = _____

triángulo _____

4.

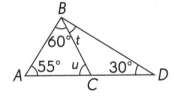

m∠u = _____

m∠t = _____

triángulo _____

Halla las medidas de los ángulos desconocidos. Las figuras no están dibujadas a escala. *(Lección 13.3)*

5.

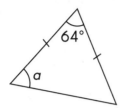

64°

a

m∠a = _____

6.

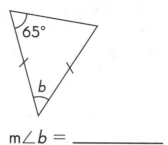

65°

b

m∠b = _____

7. $AB = BC = AD$

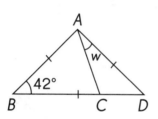

A

w

42°

B   C   D

m∠w = _____

8.

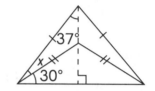

37°

x

30°

m∠x = _____

9.

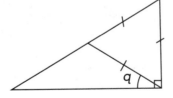

q

m∠q = _____

10. $ZY = YX = XZ$

X

22°

Z   p   Y

m∠p = _____

Nombre: _____ Fecha: _____

Mide los lados del triángulo en pulgadas, Luego, completa los espacios en blanco. *(Lecciones 13.1 y 13.4)*

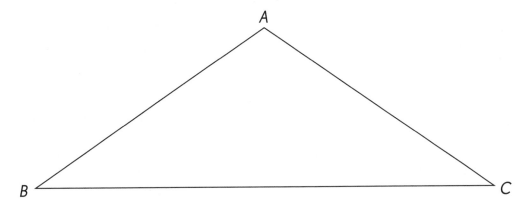

11. *AB* is _____ pulgadas.

12. *BC* is _____ pulgadas.

13. *AC* is _____ pulgadas.

14. $AB + BC >$ _____

15. $AB + AC >$ _____

16. $BC + AC >$ _____

17. ¿Qué tipo de triángulo es *ABC*? _____

Halla las medidas de los ángulos desconocidos en cada paralelogramo. *(Lección 13.5)*

18.

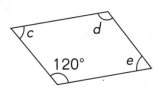

$m\angle c =$ _____

$m\angle d =$ _____

$m\angle e =$ _____

19.

$m\angle f =$ _____

Halla las medidas de los ángulos desconocidos en cada rombo. *(Lección 13.5)*

20.

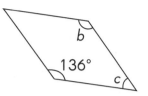

$m\angle b =$ _____

$m\angle c =$ _____

21.

$m\angle d =$ _____

$m\angle e =$ _____

Halla las medidas de los ángulos desconocidos en cada trapecio. *(Lección 13.5)*

22.   En *EFGH*, $\overline{EF} \parallel \overline{HG}$.

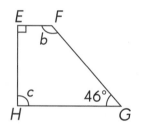

$m\angle b =$ _____

$m\angle c =$ _____

23.   En *PQRS*, $\overline{PS} \parallel \overline{QR}$.

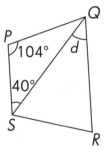

$m\angle d =$ _____

Halla cuántos cubos de una unidad hay en cada cuerpo geométrico. *(Lección 14.1)*

24.

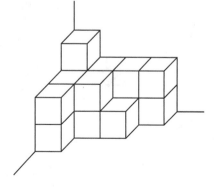

_____ unidad cubos

25.

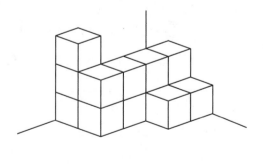

_____ unidad cubos

Traza un cubo que tenga las aristas 2 veces más largas que las aristas de este cubo de una unidad. *(Lección 14.2)*

26.

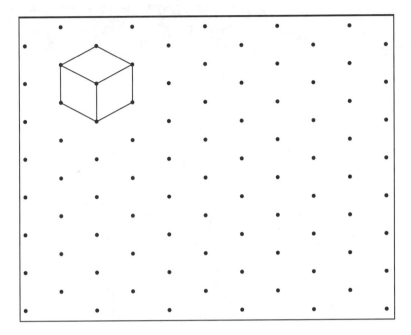

Completa el trazado de este prisma rectangular. *(Lección 14.2)*

27.

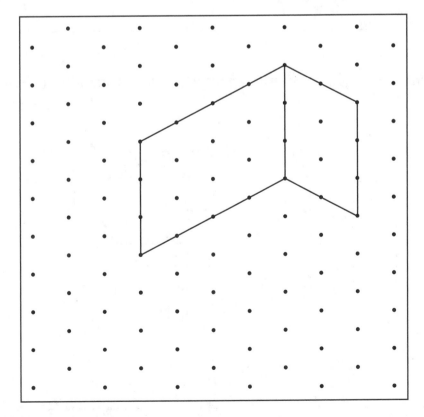

© Marshall Cavendish Education Pte Ltd

Nombra cada cuerpo geométrico. Luego, escribe el número de caras y de vértices, y qué forma tienen las caras. *(Lección 14.3)*

Cuerpo geométrico	Número de caras	Número de vértices	Forma de las caras
28. 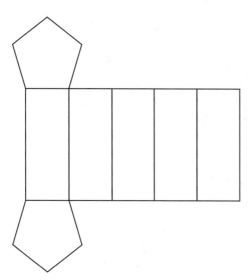			
29.			

Nombra el cuerpo geométrico que se forma a partir de cada plantilla. *(Lección 14.3)*

30.

_____

31.

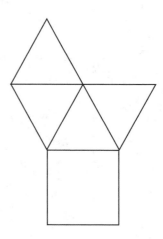

_____

Nombre: _____   Fecha: _____

Halla el área total de cada prisma. *(Lección 14.4)*

32.

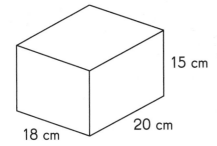

15 cm
20 cm
18 cm

33.

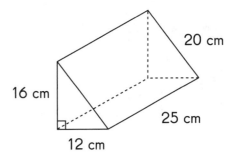

20 cm
16 cm
25 cm
12 cm

Estos cuerpos geométricos se formaron con cubos de 1 pulgada. Halla sus volúmenes y compáralos. *(Lección 15.4)*

34.

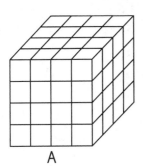

A

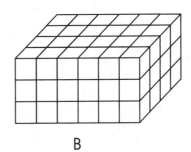

B

Longitud = _____ pulg   Longitud = _____ pulg

Ancho   = _____ pulg   Ancho   = _____ pulg

Altura   = _____ pulg   Altura   = _____ pulg

Volumen = _____ pulg³   Volumen = _____ pulg³

El cuerpo geométrico _____ tiene menor volumen que el cuerpo

geométrico _____.

Halla el volumen de cada prisma rectangular. *(Lección 14.6)*

35.

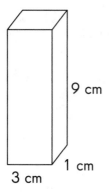

9 cm

1 cm

3 cm

36.

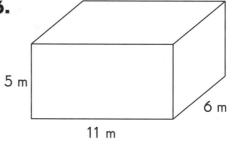

5 m

11 m

6 m

Halla el volumen de agua en cada recipiente en litros y en mililitros.

(Lección 14.6)

37.

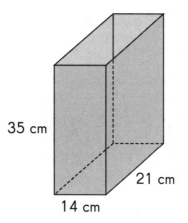

35 cm

21 cm

14 cm

38.

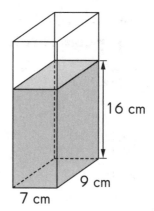

16 cm

7 cm

9 cm

Halla el volumen de cada prisma rectangular. *(Lección 14.6)*

39.

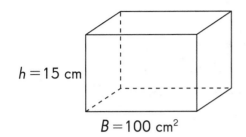

$h = 15$ cm

$B = 100$ cm²

40.

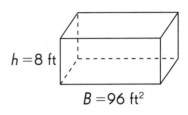

$h = 8$ ft

$B = 96$ ft²

Halla el volumen de cada cuerpo geométrico. *(Lección 14.7)*

41.

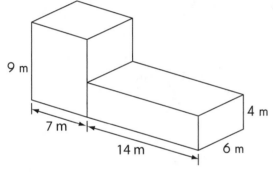

9 m

7 m

14 m

4 m

6 m

42.

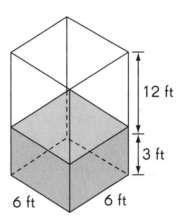

12 ft

3 ft

6 ft   6 ft

Resolución de problemas.

Resuelve. Muestra el proceso.

43. En el triángulo *ABC*, *AB* = 4 centímetros, *BC* = 7 centímetros, y *AC* es más largo que 8 centímetros. Si la longitud de $\overline{AC}$ está dada en números enteros, ¿cuáles son las longitudes posibles para $\overline{AC}$?

44. *ABCD* es un trapecio y *ABED* es un paralelogramo. $\overline{AB} \parallel \overline{DC}$, $\overline{AD} \parallel \overline{BE}$, y *BE* = *BC*. Halla la medida del ∠*BCE*.

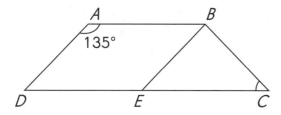

Resuelve. Muestra el proceso.

45. La longitud de un bloque rectangular mide 20 pulgadas. Su ancho mide la mitad de su longitud. Su altura mide la mitad de su ancho. ¿Cuál es el área total del bloque?

46. Un trozo rectangular de cartulina gruesa mide 70 centímetros por 50 centímetros. Del trozo se corta la plantilla de un cubo con aristas de 12 centímetros. ¿Cuál es el área de la cartulina que queda?

Resuelve. Muestra el proceso.

47. Un prisma rectangular mide 15 pulgadas de largo y 12 pulgadas de alto. Su ancho mide $\frac{3}{5}$ de su largo. Halla su volumen.

48. Tres cubos con aristas que miden 5 pulgadas están apilados uno encima de otro. ¿Cuál es el volumen total de los 3 cubos?

Resuelve. Muestra el proceso.

49. Este recipiente rectangular contiene 2 litros de agua.
¿Cuánta más agua se debe agregar para llenar el recipiente por completo?
Da tu respuesta en litros.

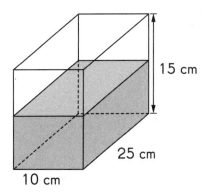

15 cm

25 cm

10 cm

50. Un recipiente mide 28 centímetros de largo, 14 centímetros de ancho
y 10 centímetros de alto. Está lleno de jugo hasta la mitad. Kathy vierte
500 mililitros de agua en el recipiente para hacer una bebida con el jugo.
Halla el volumen de la bebida que contiene ahora el recipiente. Da tu
respuesta en litros y en mililitros

Resuelve. Muestra el proceso.

51. La pecera que se muestra se llena con 4 litros de agua por minuto de una llave. ¿Cuánto tiempo hace falta para llenar la pecera por completo?

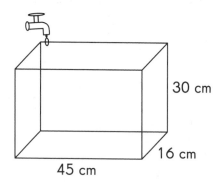

30 cm

16 cm

45 cm

Repaso de fin de año

Preparación para la prueba

Opción múltiple

Sombrea el círculo que está junto a la respuesta correcta.

1. En 130.426, el dígito 2 está en el lugar de los _____. *(Lección 8.1)*

   Ⓐ decenas   Ⓑ décimos

   Ⓒ centésimos   Ⓓ milésimos

2. Usa la estimación por la izquierda con aproximación para estimar 6,189 − 3,674. *(Lección 1.4)*

   Ⓐ 1,000   Ⓑ 2,000

   Ⓒ 3,000   Ⓓ 4,000

3. Simplifica $48 \div 8 + 13 \times 3$. *(Lección 2.7)*

   Ⓐ 45   Ⓑ 54

   Ⓒ 57   Ⓓ 75

4. Expresa $10\frac{1}{4} - 4\frac{1}{2}$ en forma de decimal. *(Lección 3.3)*

   Ⓐ 6.25   Ⓑ 5.75

   Ⓒ 5.43   Ⓓ 5.34

5. Expresa 9.062 en forma de número mixto en su mínima expresión. *(Lección 8.3)*

   Ⓐ $9\frac{62}{100}$ Ⓑ $9\frac{31}{50}$

   Ⓒ $9\frac{62}{1000}$ Ⓓ $9\frac{31}{500}$

6. ¿Cuál es el producto de 96 y 13? *(Lección 2.4)*

   Ⓐ 900   Ⓑ 960

   Ⓒ 1,170   Ⓓ 1,248

7. Divide 84 entre 400. *(Lección 9.4)*

   Ⓐ 0.21   Ⓑ 0.84

   Ⓒ 2.1   Ⓓ 8.4

8. Simplifica $16p + 5 - 3p - 2$. *(Lección 5.3)*

   Ⓐ $19p + 7$ Ⓑ $19p - 3$

   Ⓒ $13p + 3$ Ⓓ $13p - 3$

9. ¿Para qué valor de y será verdadera la desigualdad $4y - 8 > 10$?
(Lección 5.4)

   Ⓐ 2   Ⓑ 3

   Ⓒ 4   Ⓓ 5

10. ¿Qué porcentaje de la figura está sombreado? *(Lección 10.1)*

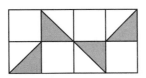

   Ⓐ 25%   Ⓑ 35%

   Ⓒ 40%   Ⓓ 50%

11. El precio de un teléfono celular es de $500. Kathleen paga un impuesto a las ventas de 8% sobre el precio del celular.
¿Qué impuesto a las ventas paga? *(Lección 10.4)*

   Ⓐ $400   Ⓑ $50

   Ⓒ $40   Ⓓ $8

12. $\overleftrightarrow{AB}$ y $\overleftrightarrow{CD}$ son líneas. Halla la medida del $\angle a$. *(Lección 12.1)*

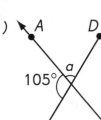

   Ⓐ 180°

   Ⓑ 105°

   Ⓒ 75°

   Ⓓ 57°

13. Los lados del triángulo *ABC* están dados en pulgadas enteras.
AB = 5 pulgadas y *BC* = 11 pulgadas. ¿Cuál de estas opciones
es una longitud posible para $\overline{AC}$? *(Lección 13.4)*

(A) 3 pulgadas   (B) 6 pulgadas

(C) 12 pulgadas   (D) 16 pulgadas

14. En el trapecio *PQRS*, $\overline{PS} \parallel \overline{QR}$. Halla la medida del $\angle SPR$. *(Lección 13.5)*

(A) 98°

(B) 72°

(C) 52°

(D) 26°

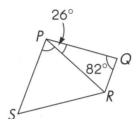

15. ¿Cuál de estas plantillas puede formar una pirámide triangular? *(Lección 14.3)*

(A)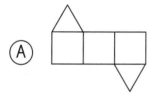

(B)

(C)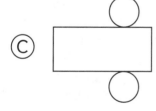

(D)

16. ¿Cuántos cubos de 1 centímetro se pueden poner dentro de la caja?
(Lección 14.6)

(A) 38

(B) 1,200

(C) 1,260

(D) 1,620

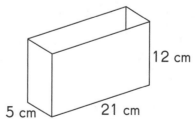

17. ¿Cuánto es 0.625×400? *(Lección 2.2)*

(A) 1000   (B) 250

(C) 100   (D) 25

18. Halla 3.8×10^3. *(Lección 2.3)*

(A) 380   (B) 3,800

(C) 38,000   (D) 380,000

19. Simplifica $30 - \{18 - [12 \div (20 - 14)]\}$. *(Lección 2.7)*

(A) 14   (B) 10

(C) 56   (D) 6

20. ¿Cuál medición es equivalente a 5 kilogramos y 5 gramos? *(Lección 9.6)*

(A) 8.5 kilograms

(B) 5.35 kilograms

(C) 5.035 kilograms

(D) 5.00035 kilograms

21. ¿Cuál opción es igual a 3,160 *(Lección 9.3)*

(A) 3.16×10^3

(B) 0.316×10^3

(C) 31.6×10^3

(D) 316×10^2

22. ¿Cuánto es $12 \div \frac{1}{4}$? *(Lección 4.6)*

(A) 3

(B) $12 \frac{1}{4}$

(C) $11 \frac{3}{4}$

(D) 48

Respuesta corta

Lee las preguntas con atención. Escribe tus respuestas en el espacio dado. Muestra el proceso.

23.   Halla el área del siguiente rectángulo. *(Lección 6.1)*

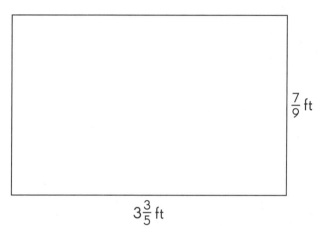

$\frac{7}{9}$ ft

$3\frac{3}{5}$ ft

_____

24.   En la siguiente figura, ¿cuántos círculos más se deben sombrear para que la fracción de círculos sombreados del total de círculos sea $\frac{2}{3}$. *(Lección 4.4)*

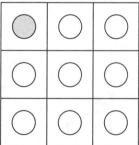

_____

Usa los siguientes datos en los ejercicios 25 y 26.

Cassia recolectó hojas de diferentes plantas. Quiere investigar las longitudes de las hojas de cada planta. Ella registró las longitudes en la siguiente tabla.

Longitud (ft)	$\frac{1}{6}$	$\frac{1}{4}$	$\frac{1}{2}$	$\frac{3}{4}$
Número de hojas	2	5	7	7

25. Haz un diagrama de puntos para representar los datos de la tabla.
(Lección 11.1)

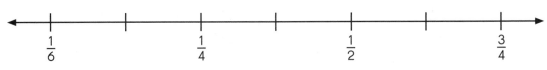

Longitud de las hojas (ft)

26. Usa los datos para responder estas preguntas. *(Lección 11.1)*

a. ¿Cuál es la diferencia de longitud entre la hoja más larga y la más corta?

_____

b. ¿Cuántas hojas largas más hay que hojas cortas?

_____

27. Un tanque rectangular tiene una altura de 18 centímetros. El área de su base es 225 centímetros cuadrados. Halla el volumen del tanque. *(Lección 14.6)*

_____

28. Para proteger un jarrón, se colocaron dos pedazos de espuma de estireno en una caja como lo muestra la ilustración. Halla el volumen de los dos pedazos de espuma. *(Lección 14.7)*

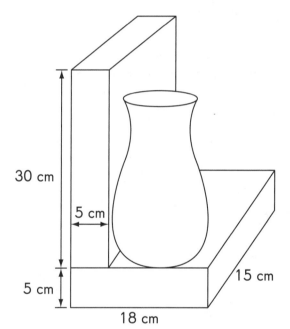

30 cm

5 cm

5 cm

15 cm

18 cm

_____

29. Abe, Belle y Cathy tienen en total $179.50. Abe tiene $9 más qye Belle. Cathy tiene tres veces más que Abe. ¿Cuánto dinero tiene Belle? *(Lección 9.6)*

_____

30. ¿Cuál es el volumen del siguiente cuerpo geométrico, formado de cubos de 1 pulgada? *(Lección 14.1)*

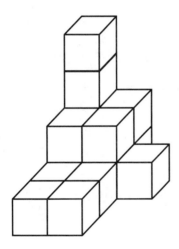

_____

© Marshall Cavendish Education Pte Ltd

31.   Halla el área total del prisma triangular? *(Lección 14.4)*

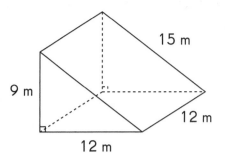

_____

32.   Usa los datos de la siguiente gráfica para responder las preguntas.
La gráfica $y = 5x$ muestra el costo de unas tablas de madera de diferente
longitud. *(Lección 11.3)*

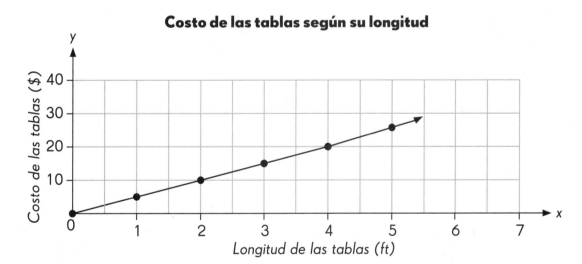

a.   ¿Cuánto cuesta una tabla de madera de 7 pies de longitud?

_____

b.   ¿Qué longitud tiene una tabla de madera que cuesta $50?

_____

33. La siguiente figura está formada por cinco triángulos idénticos.
El perímetro del cuadrado *ABCD* es 248 pulgadas.
Halla el área de toda la figura. *(Lección 11.3)*

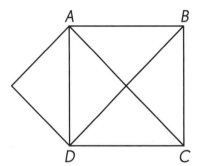

34. La razón del volumen de agua del balde A al volumen de agua del balde B es de 3 : 5. El volumen total de agua de los dos baldes es de 56 litros. ¿Cuál es el volumen de agua del balde B? *(Lección 7.3)*

_____

35. Escribe 12 unidades y 3 décimos 2 centésimos 5 milésimos en forma desarrollada. *(Lección 8.1)*

_____

36. ¿Cuál es el valor de Δ en la ecuación? *(Lección 9.4)*

9.42 = 9,420 ÷ Δ

37. Ordena los decimales de menor a mayor. *(Lección 8.2)*
11.05, 11.00, 11.10, 11.009

_____

38. $\frac{3}{8}$ del precio normal de un reloj digital es de $21. El precio del reloj digital después del descuento es de $21. Halla la cantidad de dólares del descuento. *(Lección 10.4)*

_____

Usa los datos de la gráfica de barras para responder las preguntas 39 y 40.

Deportes favoritos de los estudiantes

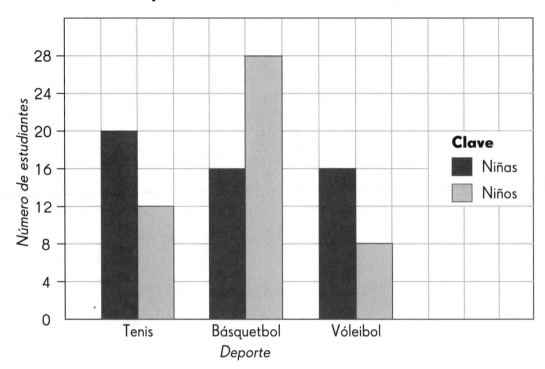

39. ¿Para cuál deporte es mayor la diferencia entre el número de niños y el de niñas? *(Lección 11.2)*

_____

40. ¿Cuántas niñas más que niños prefieren el tenis? *(Lección 11.2)*

_____

Usa los datos de la gráfica para responder las preguntas 41 y 42.

Conversión entre galones y cuartos de galón

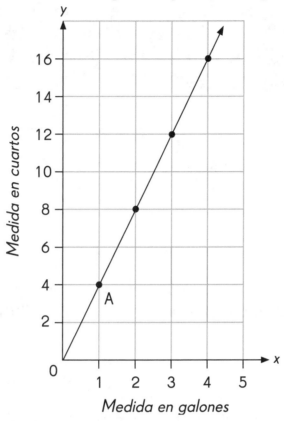

41. La señora Richards compra 8 cuartos de galón de leche en 4 días. ¿Cuántos galones de leche compra? *(Lección 11.3)*

_____

42. ¿Cuál es la ecuación de la gráfica? *(Lección 11.3)*

_____

43. La señora Martí tiene 1 naranja, 1 manzana, 1 pera y 1 albaricoque. Tiene 3 barras de yogurt de sabores diferentes. Guarda una fruta y una barra de yogurt en una lonchera. Halla el número de combinaciones que puede guardar en una lonchera. *(Lección 11.5)*

_____

44. Una caja contiene 6 bolígrafos rojos, 4 bolígrafos azules, 8 bolígrafos verdes y algunos bolígrafos negros. Leslie elige un bolígrafo y lo devuelve a la caja cada vez. Los resultados están anotados en la tabla.

Número de veces que elige un bolígrafo rojo	Número de veces que elige un bolígrafo azul	Número de veces que elige un bolígrafo verde	Número de veces que elige un bolígrafo negro
8	5	14	3

a. ¿Cuál es la probabilidad experimental de sacar un bolígrafo verde? *(Lección 11.6)*

_____

b. Si la probabilidad teórica de sacar un bolígrafo negro es de $\frac{1}{10}$, ¿cuántos bolígrafos negros hay en la caja? *(Lección 11.6)*

_____

45. $\overleftrightarrow{AB}$, $\overleftrightarrow{CD}$ y $\overleftrightarrow{EF}$ son líneas. Halla las medidas del $\angle x$ y $\angle y$. *(Lecciones 12.1 y 12.3)*

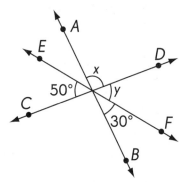

m$\angle x$ = _____

m$\angle y$ = _____

© Marshall Cavendish Education Pte Ltd

46.   En el triángulo *DEF*, *DF* = *EF*. Halla las medidas del ∠*a* y del *b*.
(*Lecciones 13.2 y 13.3*)

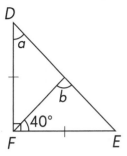

m∠*a* = _____

m∠*b* = _____

47.   *ABCD* es un paralelogramo y *ADE* es un triángulo equilátero. Identifica todos los ángulos que tienen la misma medida que el ∠*f*. (*Lecciones 13.3 y 13.5*)

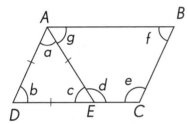

_____

48.   Brian tiene $50. Compra 10 libros semejantes y le sobran *x* dólares.
¿Cuál es el costo de cada libro? (*Lección 5.5*)

_____

49.   ¿Cuántos cubos de una unidad se usaron para construir el cuerpo geométrico?
(*Lección 14.1*)

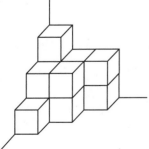

_____

50. *ABCD* es un paralelogramo. Halla la medida del ∠*DAC*. *(Lección 13.5)*

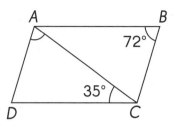

_____

51. La plantilla de un prisma cuadrangular es como la siguiente. Usa la plantilla para hallar el área total del prisma. *(Lección 14.4)*

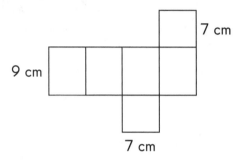

7 cm

9 cm

7 cm

_____

52. Expresa $3\frac{1}{5} + 2\frac{1}{20}$ en forma de decimal. *(Lección 3.5)*

_____

53. $\overleftrightarrow{JL}$ es una línea. Halla la medida del ∠*MKN*. *(Lección 12.1)*

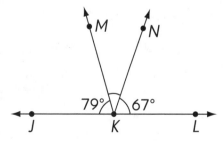

_____

Respuesta desarrollada
Resuelve. Muestra el proceso.

54. En un cine hay 450 asientos. El 48% de los asientos está ocupado. ¿Cuántos asientos no están ocupados?

55. El área de un terreno mide 2,496 metros cuadrados. Una pequeña parte del terreno está cercada. La razón del área total del terreno al área que no está cercada es de 48 : 31. ¿Cuál es el área de terreno que no está cercada?

56. Harry compra un conjunto de sofá que cuesta $2,000. Lo paga en 12 cuotas mensuales. También paga un 5% de interés. ¿Cuál es la cantidad total que tiene que pagar?

57. La señora Jacobs compra 20 kilogramos de arroz a $0.84 por kilogramo. Compra 700 gramos de langostinos a $1.02 por cada 100 gramos. ¿Cuánto gasta en total?

58. Una pecera mide 40 centímetros por 25 centímetros por 24 centímetros. Se la llena con agua de una llave. En 6 minutos se llenan $\frac{5}{8}$ de la pecera. Halla el volumen de agua que sale de la llave cada minuto.

59. La señora Jackson tiene $90. Gasta $\frac{1}{4}$ del dinero en alimentos, $\frac{1}{2}$ del residuo en ropa y el resto lo ahorra. ¿Cuánto ahorra?

60. El equipo A tiene 42 miembros. El equipo B tiene 18 miembros más que el equipo A. ¿Qué porcentaje de los miembros del equipo B se deben transferir al equipo A para que este tenga la misma cantidad de miembros que el equipo B?

61. Se vierte una cantidad igual de agua en dos tanques vacíos, P y Q. El tanque P está entonces $\frac{1}{2}$ lleno. ¿Qué fracción del tanque Q se llena con agua?

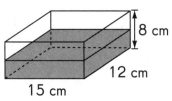

P

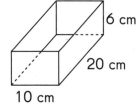

Q

62. Hay agua en un tanque. Se vierte agua en el tanque hasta que el volumen es 8 veces más que el volumen inicial de agua que había en el tanque. Cuando se agregan otros 16.75 litros de agua, el volumen total que hay en el tanque pasa a ser de 20.35 litros. ¿Cuánta agua hay en el tanque al principio? Da la respuesta en litros.

63. Unas materas se colocaron a lo largo de una entrada a una distancia de 12 pies entre sí.

a. ¿Cuál es la longitud de la entrada si hay 25 materas en total, incluyendo las de ambos extremos?

b. Si la entrada midiera 1,080 pies, ¿cuántas materas más harían falta?

64. Un tanque rectangular contiene agua hasta la mitad. El tanque de 10 centímetros cúbicos a la derecha recibe agua del tanque grande. ¿Cuánta agua queda en el tanque grande después de que se llene el tanque pequeño?

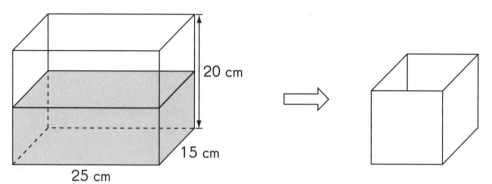

20 cm

15 cm

25 cm